HAUSTÜRGESCHICHTEN

HAUSTÜRGESCHICHTEN

zwischen Wustrow und Zingst

Susanne Menning, Text
Dorit Gätjen, Fotos

HINSTORFF

10 Zeichnungen von Christian Gätjen

Inhalt

Spurensuche

Im Jahr 1931 beteiligte sich der Maler Theodor Schultze-Jasmer an einem besonderen Unternehmen. Seit er im März 1921 in der Prerower *Grünen Straße 8* das alte Fischerhaus als Wohn- und Atelierhaus bezogen hatte, kannten ihn die Einwohner als einen der zahlreichen Künstler, die mittlerweile den Darß bzw. das Fischland bevölkerten.

Die Gemeinde Prerow war als Badeort zu Geld gekommen, und deshalb wollte der Gemeinderat ein neues Amt errichten. Für das neue Haus bestellte der Bürgermeister Heinrich Bierbaum bei einer ortsansässigen Tischlerei eine Darßer Tür, d. h., eine jener Haustüren, die Sonnen- oder Tulpenmotive schmückten, die aber in der Regel mit einem einfarbigen dunklen Ölfarbenanstrich versehen waren, und gerade noch so ihr Dasein fristeten, denn die meisten hatte man durch moderne Türen ersetzt.

Heinrich Bierbaum gewann Schultze-Jasmer für die Farbgestaltung des Neubaues. Und der Maler wählte für die Tür die Farben, um derentwillen er sich in Prerow niedergelassen hatte: sand- und sonnengelb, dunkelblau und wolkenweiß, holzbraun, waldgrün und märchenrot.

Konnten die Architekten des Gemeindehauses damals schon erahnen, welche Mode sie damit anregten? Die Prerower und ihre Gäste liefen an dem farbenfrohen Gebäude vorbei oder gingen hinein, – und das Amt gefiel allen ausnehmend gut.

Aufmerksam musterten die Einwohner Prerows ihre Haustüren, und viele kauften neue Farben und binnen kürzester Zeit gab es bunte Türen nicht nur hier, sondern auch in den übrigen Orten, gleichsam von Zingst bis nach Wustrow.

Wer noch eine alte, geschnitzte Eingangstür besaß, der schätzte sich glücklich. Andere wiederum beschlossen, ihre Haustüren ebenfalls bunt zu bemalen. Und vor allem die modebewußten unter den Hauseigentümern, bestellten in auf dem Fischland oder dem Darß ansässigen Tischlereien Türen nach eigenem, mehr oder weniger geglücktem Entwurf, oder fertigten sie selbst an.

Seit dieser Zeit weisen die Reiseführer über die Region auf die farbenfrohen Haustüren als eine besondere Sehenswürdigkeit hin. Und auch die zahlreichen Souvenirläden bieten ein großes Sortiment von Postkarten, Kalendern und auch keramischen Abbildern der Darßer Haustüren an.

Aber sind diese Türen wirklich die typischen Darßer Haustüren? Und warum sind z. B. im Boddendorf Born so ganz andere Türen anzutreffen? Und haben diese Türen einen höheren Wert, als die in den Schifferhäusern in Wustrow auf dem Fischland?

Gewiss nicht, denn die Türen sind nichts ohne die Häuser, die sie schmücken, denen sie als Ein- und Ausgang dienen und vor allem sind sie nichts ohne die Menschen, die durch sie eintreten oder sie mit Freude betrachten.

Nein, es sind vor allem die Erbauer und Eigentümer, die Bewohner und die Gäste dieser Häuser, es sind auch die Geschichten, die sie erzählen können, die die Haustüren auf dem Fischland, auf dem Darß und dem Zingst damit so unverwechselbar machen.

Die Bilder und die Geschichten wurden an den farbenfrohen Haustüren erbeten, sie wurden vor dem Haus, in den Gärten, in Küchen, Veranden und den Guten Stuben von ihren Bewohnern erzählt. Dank ihrer freundlichen Freigebigkeit entstand dieses Buch und alles was darin aufgezeichnet ist – sind Zeugnisse von dem, was hinter den Türen sich verbirgt.

Für ein Buch fremden Menschen persönliche Geschichten zu erzählen, ist wahrlich keine alltägliche Geste und nicht oft zu finden. Dazu gehörten besonders Vertrauen und vor allem auch die Freundlichkeit, sich dafür Zeit zu nehmen. Deshalb danken wir allen im Buch namentlich genannten, die sich auf dieses Unternehmen eingelassen haben.

Rostock, 31. Mai 2001

Susanne Menning | Dorit Gätjen

Wustrow

Aus allen vier Himmelsrichtungen, vom Wasser und vom Lande aus ist schon von weitem der Kirchturm von Wustrow zu sehen. Die einzige Kirche auf dem Fischland, die 1869–1873 nach dem Abriss eines dreischiffigen gotischen Gotteshauses an gleicher Stelle errichtet wurde, ist ein guter Ausgangs- und vor allem Aussichtspunkt – vom offenen Umgang des Turmes kann der Besucher weit über das Land seine Blicke schweifen lassen.

Den ersten Kirchenbau veranlassten die damaligen Besitzer des Dorfes, die Ribnitzer Nonnen. Wahrscheinlich geht die Bezeichnung »Fischland« darauf zurück, dass das Kloster seine Abgaben weniger in landwirtschaftlichen Erzeugnissen erhielt, sondern mehr in den für die Fastensanlässe bedeutsamen Fischwaren. Brachte doch die Landwirtschaft in diesem unwirtlichen Landstrich wenig, und in manchen Jahren gar nichts ein.

Fisch aber wurde sowohl im Bodden, als auch in der Ostsee jahrhundertelang reichlich gefangen. Für die Ostsee setzte sich dabei eine eigene Fangmethode durch. Die im Frühjahr an der Küste entlangziehenden Heringsströme wurden mit so genannten Wadennetzen gefangen, die durch eine Männergruppe eingeholt werden mussten. Ein großer Teil der Heringe des Kirchdorfes Wustrow landete frisch oder konserviert im Ribnitzer Kloster.

Für die Boddenfischerei bauten die Bauern einfache, aber gut funktionierende Boote. Damit hatten sie Fertig- und Fähigkeiten im Schiffbau erworben, die später einmal bedeutsam für die ganze Gegend sein würden.

Zunächst aber schüttete 1395 eine Stralsunder Heerschar den am Ortseingang liegenden *Permin* zu. Der Wasserlauf verband die Ostsee mit dem Bodden und stellte damit eine Gefahr für die Hansestädte an der Ostseeküste dar, denn diese argwöhnten, dass durch die Verbindung zum Meer die übrigen Bodden-Städte wie z. B. Ribnitz zu einer unliebsamen Konkurrenz heranwachsen könnten.

Neben der Bezeichnung »Fischland« existierte jahrhundertelang eine noch ältere für das Land zwischen dem zuge-

schütteten *Permin* und dem ebenfalls vernichteten *Darßer Kanal.* Der Name »Swante-Wustrow« deutet auf ein früheres slawisches Heiligtum hin, eine »Heilige Insel«, die sich hier einstmals befand.

Tatsächlich ist der Hügel, auf dem die Kirche steht, künstlich aufgeschüttet. Es gilt als sicher, dass das Fundament an jener Stelle errichtet wurde, an der einst die slawische Bevölkerung ihrem Gott Swantewit opferte. In der Ortsbezeichnung »Wustrow« hat die Erinnerung an die früheren Siedler die Jahrhunderte überdauert.

Ganz in der Nähe der Kirche liegt der alte Ortskern. In der Bebauung ist noch heute das alte slawische Runddorf zu erahnen, so verlaufen z. B. die Straßen immer noch gekrümmt. Nicht viel ist von der Regelmäßigkeit späterer deutscher Siedlungen zu erkennen, da auch die neueren Gehöfte den alten Siedlungsverläufen folgten. Das Haus in der *Neuen Straße 1* trägt an seinem Giebel noch die alte Bezeichnung *B 174.* Dabei steht das *B* für eine alte Büdnereistelle. Dieser Begriff bezeichnet aber nicht, wie allgemein angenommen, das Gebäude sondern die Grundstückseinheit.

An der Giebelseite ist eine jahrhunderte alte Baugeschichte ablesbar. Tief herabgezogen wie eine Mütze, zieht sich ein Kröpelwalmdach aus Rohr in das Gesicht der Fassade. Kaum eine Angriffsfläche für Sturm und Regen zu bieten, war der Sinn der Konstruktion, die sich auf dem Fischland, dem Darß und dem Zingst durchgesetzt hat. Die kleinen Fensteröffnungen lassen kaum Wärmeverluste zu, und trotzdem fällt genügend Licht durch die mit charakteristischen Sprossen unterteilten Fenster in die niedrigen Stuben.

Das Schnitzwerk der jahrhundertealten Türschönheit vermittelt noch heute eine Vorstellung von der ursprünglichen Farbgebung der Wustrower Tür in der *Neuen Straße 1.*

Charakteristisch für die Giebelgestaltung der Hochdielenhäuser in Wustrow ist die asymmetrische Anordnung der Fenster und Türen wie hier in der *Karl-Marx-Straße*.

Die ziegelrot gestrichene Giebelseite birgt im oberen Teil ein weiteres Kapitel einer langen, traditionsreichen Baugeschichte. Auf den ersten Blick erscheint das Fachwerk bis unter das Dach mit Ziegeln ausgemauert. Aber bei genauerem Hinsehen wird deutlich, dass ein findiger Bewohner auf den Lehmputz im Oberteil das Ziegelmuster täuschend echt aufgemalt hat. Dieser Kunstgriff ersparte das Entfernen des offenbar noch intakten Lehm-Fachwerkes und zeigte trotzdem an, dass der Hausbesitzer mit der Mode ging.

Der Anblick der Haustür scheint dem verwöhnten Betrachter ebenfalls als gewöhnungsbedürftig. Runzelig, bescheiden und leicht verwittert ist das filigrane Schnitzwerk dennoch von einer entrückten Eleganz. Manch unkundigen Kommentar der Vorbeispazierenden musste die leicht schiefe Altersschönheit schon ertragen, wenn sie nicht ganz übersehen wurde.

Der Kenner kann in ihr jedoch eine der authentischsten Haustüren des Fischlands erkennen. Auch die Feststellung, die Tür könne wieder einmal einen neuen Anstrich vertragen, zeugt vom Fehlurteil des Betrachters.

Diese Tür hat Farbe, und sie war in den fachkundigen Händen eines Tischlers, der sie behutsam ausgebessert hat. Bei seiner Arbeit stellte dieser fest, dass ihr die ursprüngliche Teergrundierung einen besonderen festen Schutz verliehen hatte, und darum überzog er die alte Farbe mit einer durchsichtigen Schutzlasur. Deshalb ist an dieser Tür auch die alte traditionelle Farbgebung in Grün- und Weißtönen noch heute erkennbar.

Wie kam es dazu, dass dieses Haus fast in ursprünglicher Form die beiden letzten zwei Jahrhunderte überdauerte, die es mit Sicherheit auf dem Buckel hat?

Die Antwort auf unsere Frage gibt Frau Dröge, die heutige Bewohnerin. Das Haus ist seit vielen Generationen in Familienbesitz. Niemals war es ein Sommerhaus, stets ein Wohnhaus, und niemand versuchte aus dem aus seiner Kindheit vertrauten Aufenthaltsort etwas neues, anderes zu machen. Frau Dröges Großvater, Friedrich Möller heiratete in die Familie Langhinrichs ein, eine der ältesten ortsansässigen Fischland-Familien, die man, obwohl es hier nie einen Adelsstand

Fischland gab, als uralten Wustrower Adel bezeichnen kann. Nachdem seine erste Frau verstorben war, heiratete Friedrich Möller ein weiteres Mal, wieder eine Langhinrichs, und zwar die Schwester seiner ersten Frau.

Friedrich Möller fuhr viele Jahre als Kapitän auf Dampfschiffen nach Norwegen, England und Russland. Manchmal nahm er auf seinen langen Reisen auch Familienangehörige mit. Frau Dröges Mutter erzählte ihrer Tochter oft vom Zauber und dem Geheimnis der weißen Nächte im russischen St. Petersburg.

Die Kapitänstochter heiratete ebenfalls einen Kapitän, der auf der Wustrower Seefahrtsschule sein Schifffahrtspatent erworben hatte. Dieser lernte später bei seinen Fahrten nicht nur die Ost- und die Nordsee kennen, er befuhr auch den Atlantik auf der traditionsreichen Linie Hamburg–Amerika.

Vermutlich veranlasste er die Flurbemalung. Ein tiefblauer Farbsockel durchzieht die Diele, und die oberen Bögen krönen goldgelbe Ornamente, die mit Schablonen aufgetragen wurden. Eine Spezialität eines hier ansässigen Malermeisters, der diesen Anstrich seit 1932 in vielen Wustrower Häusern anbrachte. Sicherlich wird das kuriose Kunstwerk die bevorstehende Rekonstruktion des denkmalgeschützten Hauses nicht überleben. Beim Abschied fällt der Blick auf das Innere der Haustür. Dort prangt ein massiges Kastenschloss. Wie lange es schon seinen Zweck erfüllt, ist leider nicht bekannt. Der Schlüssel ist etwa so lang wie eine Hand und wiegt mehr als ein Stück Butter. Über den Schlüssel, so erzählt Frau Dröge, hat sich schon ihre Mutter immer beschwert, der passte nämlich in keine Handtasche.

In den 60er Jahren des 19. Jahrhunderts mussten dann die Wustrower ihre 1385 erstmals erwähnte Kirche wegen Baufälligkeit abreißen und errichteten an gleicher Stelle den Neubau. Während der gesamten Bauzeit widerfuhr dem Dorf einiges Ungemach. Am 4. August 1869 brach in einer Tischlerei ein Brand aus, der schnell auf den gesamten Westteil des Dorfes übergriff. 43 Büdner- und fünf Bauernhäuser fielen den Flammen zum Opfer, das Antlitz des Ortes wurde stark gezeichnet. Doch damit nicht genug, auch die Sturmflut von 1872 traf die Wustrower hart.

Durch den rekonstruierten Eingang in der *Sackgasse 5* betraten Generationen einer Wustrower Seefahrerfamilie nahezu zweihundert Jahre ihr Haus.

Sie ist nur noch selten anzutreffen – die so genannte »Kloentür« mit der originalen Verkleidung des Türrahmens in der Wustrower *Karl-Marx-Straße 1.*

Wie viel Hoffnungen mögen sich dann für die Wustower mit der Weihe des Gotteshauses 1873 verbunden haben?

War die neue Kirche doch der Ort, an dem neben den üblichen Gottesdiensten auch für eine gute Reise der Seeleute gebetet werden konnte, vor allem aber für ihre glückliche Heimkehr, denn fast jede Familie in Althagen, Niehagen, Barnstorf und Wustrow hatte Seeleute unter ihren Angehörigen.

Den größten Teil des benötigten Geldes, insgesamt 30 671 Taler, steuerte »Seine Königliche Hoheit der Großherzog Friedrich Franz II. von Mecklenburg-Schwerin« bei. Dieser ließ die Kirche so errichten, dass der begehbare Turm auch zu weltlichen Zwecke« genutzt werden konnte. Damit erhielten die Schüler der Seefahrtsschule die Möglichkeit, anhand der natürlichen Horizontlinie die Kunst des Navigierens praxisnah zu erlernen.

1846 ging aus einer privaten Seefahrtsschule die »Großherzogliche Mecklenburgische Navigationsschule« hervor. Und jeder, der auf einem Schiff mit Mecklenburgischer Flagge als Kapitän oder Steuermann anheuern wollte, musste dafür das Patent dieser Einrichtung vorweisen.

Da sich im Laufe der Herausbildung der Segelschifffahrt in Wustrow besonders viele »Schiffer« (Kapitäne) niedergelassen hatten, die bereits lange vor der Schulgründung in Wustrow ihr Wissen an ihre Nachfolger weitergaben, lag die Einrichtung einer Seefahrtsschule hier nahe. Die kleineren Navigationsschulen der Umgebung bereiteten ihre Schüler auf die Wustrower Navigationsschule vor.

Die Ausbildung war anspruchsvoll und vielseitig, und manchmal gelang es auch einem Sohn einer finanziell unbemittelten Familie, das Kapitänspatent abzulegen. Der Zusammenhalt in den Familien war damals noch groß, und war ein Junge besonders begabt, sammelte man Geld oder Gönner schossen es vor, denn ein Absolvent der »Großherzoglichen Mecklenburgischen Navigationsschule« war begehrt weit über Deutschlands Grenzen hinaus. Glück und Fortkommen vieler Menschen hingen an solch einem Schiffer. Darüber hinaus waren die Absolventen begehrte Heiratskandidaten unter den Töchtern im Fischlanddorf.

Für einige Wustrower Häuser hat der Heimatforscher Jochen Permien aus zahlreichen Quellen die Familien- und Hausgeschichten in Hausbriefen zusammengetragen. An Hand dieser Ahnentafeln lässt sich das Schicksal der Bewohner der Büdnerei 91, heute das Haus in der *Sackgasse 5*, nachvollziehen.

Erbaut wurde das Hochdielenhaus 1803 vom Schiffer Christian Konow, der mit seiner Schaluppe »Hoffnung« zur See fuhr. Aus zwei Ehen entsprangen sieben Kinder. Eine der beiden Töchter heiratete einen Schiffer und die vier Söhne fuhren zur See. Besonders berührt uns der Eintrag über Peter Niclas Konow, geboren 1815 im Wustrower Kirchenbuch: *»1864 – geläutet und gedankt f. d. Schiffer Peter Niclas Konow, welcher auf der Reise von Hamburg nach Portland seinen Tod in den Wellen fand, mit ihm sein Sohn Peter Niclas (18) Matrose«.*

1853 erbte Christian Konow, Schiffer der Galeasse »Magdalena«, das Vaterhaus. Sein Schiff, gebaut im Auftrag seines Schwiegervaters, übertraf im Gesamt-Fassungsvermögen mit 78 Lasten bereits das seines Vaters (30 Lasten) beträchtlich. Viel Glück war der Familie jedoch nicht beschieden. Drei der fünf Kinder starben früh, der älteste Sohn an Typhus auf See und Käpitän Christian Konow im Alter von 52 Jahren in Lübeck auf seinem Schiff. Das Haus verblieb in Familienbesitz, denn der Schiffer August Heinrich Konow übernahm es. Wieder war sein Schiff, die Bark »Cassandra«, größer als das seines Vorgängers (135 Lasten). Später, mit dem Niedergang der Segelschifffahrt auf dem Fischland, setzte sich August Heinrich Konow zur Ruhe. Viele Jahre später bat ihn dann sein Freund J. Möller, vertretungsweise die Bark »Arnold v. Bippen« zu führen. August Heinrich Konow willigte ein und nahm seinen Sohn Carl August als Schiffsjungen mit auf die Seereise. Für beide wurde es eine Fahrt in den Tod, denn die »Arnold v. Bippen« wurde im Englischen Kanal von einem englischen Dampfschiff gerammt und ging unter. Sein Haus verblieb weiter in Familienbesitz, und seine Bewohner fuhren als Steuermann, Lotse und Kapitän zur See, auch wenn die große Zeit der Segelschiffe unwiederbringlich vorüber war.

Die ersten Türen der Schifferhäuser in der Wustrower *Lindenstraße* hatten in der Aufteilung der Türfelder einen geringen Glasanteil. Das Sonnenoval der Mittelfelder in der Tür des Hauses Nr. 15 wird durch Eckviertel angedeutet.

Die Giebel, Kassettenfelder und Rosetten in der Tür im Haus *Lindenstraße 23* veranschaulichen, wie sich der Wustrower Schiffer den Schick klassizistischer Vorbilder städtischer Haustüren in sein Dorf holte.

Die heutigen Hausbesitzer, Familie Bruhns, haben sich dem alten Haus in Ehrfurcht mit einer sorgfältigen Rekonstruktion genähert. Sie bewahren auch das Andenken an Generationen von Schiffern, deren Initialen und Symbole noch heute über der Haustür sichtbar sind.

Die Ansiedlung der Schiffer im Orte führte im Verlauf des 19. Jahrhunderts zur Herausbildung neuer Straßenzüge und zur Bauweise, die im Typ des Schifferhauses gipfelte. Vorbei war es mit dem Fachwerk aus Lehm und dem Rohrdach der großflächigen Bauernhäuser. Die neuen Ziegelhäuser waren eher klein aber sie behielten die Grundfläche der Katen. Auf den immer noch tief heruntergezogenen Dachflächen leuchteten nun die Biberschwänze genannten Dachziegel. Doch wie bei den – in Wustrow kaum noch erhaltenen Katen – zeigte auch ihre Längsseite mit der symmetrisch in die Mitte gesetzten Haustür hin zur Straße. Dem Charme dieser Straßen begegnet man u. a. heute noch in der *Lindenstraße.* Das Wort, das einem beim Betreten dieses Straßenzuges einfällt, lautet – Überschaubarkeit. Denn wie Gleichgesinnte stehen die sich ähnelnden Häuser nebeneinander, gleichsam als überlebende Repräsentanten eines ganzen Berufstandes.

Die Haustüren in der *Lindenstraße*, wie Visitenkarten aufgereiht, haben fast alle gemeinsame Grundzüge. Typisch für das Schifferhaus sind auch die zweiflügeligen Türen. Um das Tageslicht in den Flur einfallen zu lassen, konnte man nicht mehr, wie noch in den alten Hochdielenhäusern, auf die Seitenfenster neben der Tür zurückgreifen. Deshalb leistete man sich große Glasteile im oberen Teil der kompliziert gefertigten Kassetten-Tür. Entweder wurde das Glas kleinteilig durch Sprossen unterbrochen, eingearbeitet, bzw. man legte zum Schutz größerer Glasflächen ein Gitter filigraner Ziersprossen darüber. Auch farbiges und eingeschliffenes Glas fand Verwendung. Vielfältig gestaffelte Kassetten, vornehme Schnitzereien, nun weit entfernt von der naiven Ornamentik und Ausführung früherer Motivtüren, schmücken ihren unteren Teil.

Überschaubar war auch das Beziehungsgeflecht der Bewohner dieser Häuser. Oftmals heirateten sie untereinander, und viele Segelschiffe, die so genannten Barken, wurden gemeinsam finanziert. Auch führte das Aufeinanderangewiesensein auf See zu intakten Beziehungen im Dorf. An die kunstvoll gebauten zweiflügeligen Türen mit ihrem vornehmen Schnitzwerk klopften im Winter oft die vierzehnjährigen Knaben des Dorfes, um bei den Schiffern, oftmals waren es auch Verwandte, als Schiffsjungen anzuheuern. Die guten und schlechten Nachrichten über das Schicksal des Schiffes und seiner Besatzung wurden aus diesen Türen durch das Dorf getragen, und jede dieser meist gut erhaltenen und gepflegten Türen hat viele Schicksale gesehen.

Die glückliche Heimkehr des Hausherren brachte außer einem relativen Reichtum auch neue Ideen in das Dorf. Nicht nur die Stubendecken der Schifferhäuser waren höher als die der Katen, sondern auch der Bildungsgrad und die Umsicht ihrer Bewohner.

Nie gab es einen versteckten Reichtum, auch Heimlichtuerei existierte nicht, deshalb waren Gardinen lange verpönt. Wurden im Winter Feste gefeiert, waren die Guten Stuben hell erleuchtet und die Fensterläden weit geöffnet.

Jedermann konnte und sollte einer Hochzeit beiwohnen. Die Vorbeikommenden erhielten einen Trunk, die sich vor den Fenstern drängelnden Kinder Süßigkeiten. Die Teilhabe aller Bewohner am Schicksal der Nachbarn hatte in der Zeit der Segelschiffe auch ihre Ursache in den wechselseitigen Abhängigkeiten. Auf See musste sich ein Schiffer auf die Fähigkeiten des kleinsten ihm anvertrauten Schiffsjungen verlassen können, wie dieser sich auf ihn. An Land sprach sich unter den Müttern schnell herum, wenn einer der Söhne vom Kapitän ungerecht behandelt wurde.

Die Überschaubarkeit war ebenfalls für die Finanzen wichtig. Kleine und große Geldbeträge, so genannte Parten, von den Schifferfamilien bei Freunden, Verwandten und Bekannten eingesammelt halfen, die teuren Segelschiffe auf den Werften von Ribnitz bis Rostock bauen zu lassen. So erhielt, einzig durch dieses Vertrauen, manch junger Schiffer sein erstes Schiff, finanziert vom Geld reicher Verwandter bzw. durch winzige Beteiligungen ortsansässiger Bauern und Kapitäns-Witwen.

Typisch für die späten Schiffertüren ist die Erhöhung des Glasanteils wie hier in der Wustrower *Schmiedestraße.*

Selbst die prächtigsten Wustrower Eingangstüren beschränkten sich wie in der *Schmiedestraße 15* auf wenige Töne in der Farbgebung.

Stolz kamen die Schiffsjungen von ihrer ersten großen Reise zurück. Sie fühlten sich nach den Schrecken und den überstandenen Gefahren gleichwohl wie Könige. Überliefert ist die Geschichte, dass ein Junge, von großer Fahrt heimgekehrt, nicht mehr einschlafen konnte und die Mutter bat, von außen Wasser gegen das Fenster zu schütten, um so den Seegang zu imitieren. Vorstellbar ist auch, dass in der Wustrower *Lindenstraße* diese fürsorgliche Mutter gewohnt hat, die die diesen Wunsch erfüllte … Niemals aber führte der bescheidene Reichtum der Schiffer zu Hochmut, und nie gaben ihre Frauen die Landwirtschaft auf, die sie vom Frühjahr bis weit in den Herbst hinein allein besorgen mussten. Glück und Unglück lagen auf See zu nah beieinander. Da war es gut, selbst auf den wenig ertragreichen Böden Ackerbau zu betreiben, Vieh zu halten, um in Notzeiten eine Existenzgrundlage zu haben.

Sparsamkeit war ein Grundzug der Dörfler. Erzählt wird von Großmüttern, die zu Fuß zum Stralsunder Hafen liefen, um ihre Angehörigen auf den Schiffen aus mitgeschleppten Körben mit Brot und Schinken zu versorgen. So trug jeder nach Kräften zum Familienunterhalt bei.

Ein Zeugnis bäuerlicher Lebensweise hat sich in der *Karl-Marx-Straße 1* erhalten. Es tritt uns in Gestalt einer »Kloentür« entgegen. Diese Tür war eigentlich die Hintertür des Hauses, das als Büdnerei Nr. 95 seit 1669 existiert.

Entgegen der weit verbreiteten Meinung diente die »Kloentür« nicht zum klönen, d. h. nicht zur Kommunikation. Um die Bedeutung dieser Tür zu erfassen, muss man sich das Leben der früheren Hausbewohner vor Augen führen. Die üblichen holzbeheizten Feuerstellen qualmten bei schlechtem Wetter und wenn der Wind ungünstig stand, sehr stark. Das war zwar gut für die Rauchwürste, doch gelegentlich rief es bei den Bewohnern den Wunsch nach besserer Belüftung der verräucherten Hochdiele hervor. Also benötigte man eine offene Tür. Diesem Wunsch stand jedoch entgegen, dass das Federvieh, Gänse, Enten oder Hühner, durch eine geöffnete Hintertür ungehinderten Zutritt zum Hause gehabt hätten. Dieses ließ der Hausherr jedoch nur für die Kuh und die Schweine zu, die im Haus ein Separee in Form eines Stalles hatten. Das Federvieh konnte also nur durch eine geschlossene Tür ferngehalten werden. Die Lösung war eine Tür, deren Oberteil sich getrennt vom Unterteil öffnen ließ – also die »Kloentür«, die, wie wir nun wissen, ihren Namen zu Unrecht angehängt bekommen hat.

Diese Tür behütete bis 1946 das Reich des Bildhauers und Grafikers Gerhard Marcks in Niehagen.

Die als Gartenblumen auf dem Fischland beliebten Malven erhalten an der Haustür in Althagen ihr Wasser direkt vom Rohrdach.

Niehagen und Althagen

Ihre Namen verweisen darauf, dass sie beide als deutsche Rodungsdörfer einen gemeinsamen Ursprung haben. Bevor sich die Kolonisten hier niederließen und ihre lang gestreckten Dörfer, das alte und das neue Hagen gründeten, gab es hier große Wälder, wie sie heute noch als *Darßer Wald* bestehen. Gemeinsam bildeten sie jahrhundertelang auch den nördlichsten Zipfel Mecklenburgs und unterscheiden sich bis heute vom größeren Schifferdorf Wustrow.

In Alt- und Niehagen wird die Dorfstruktur immer noch mehr durch die Katen als durch die größeren Hochdielenhäuser bestimmt. Im Katen an der Niehagenener *Hauptstraße 7* hat sich ebenfalls eine »Kloentür« erhalten, und sie wird auch weiter Achtung und Erhaltung finden. Das 1829 gebaute Haus erwarb 1975 der Maler Paul Busch. Schon lange vor dem Kauf des Hauses hatte er zum Malen im Sommer in Ahrenshoop eine Unterkunft gefunden, bis er dann hier seinen Schatz, die alte *Büdnerei Nr. 7*, fand.

Behutsam bemühte er sich, das Anwesen in seinem ursprünglichen Zustand zu erhalten. Er ließ der Tür keinen farbigen Anstrich angedeihen. Bescheiden mit einer braunen Lasur versehen, erfüllt sie noch immer zuverlässig ihren Dienst als Hauseinlaß für die zahlreichen Enkel des Malers.

Am Ende des *Boddenwegs*, von wo man einen herrlichen Rundblick über den Bodden hat, steht ein weiterer alter Katen. Der könnte schon die Sturmflut von 1872 überstanden haben, möglicherweise wurden die verwitterten Ziegel ins Fachwerk gesetzt, nachdem das Wasser das Lehmfachwerk ausgewaschen hatte.

Wind, Sonne, Salzluft und Regen haben der alten zweiflügeligen Tür stark zugesetzt. Zwar wird das Haus regelmäßig von seiner Bewohnerin in den altüberkommenen Farben gestrichen, doch die Widerstandsfähigkeit der Farbe ist vor allem auf der stark beanspruchten Wetterseite nur von kurzer Dauer.

Leider kann uns die Hausherrin, die seit Ende des Zweiten Weltkrieges das Haus bewohnt, über die Vorbesitzer keine Auskunft geben.

Viele Künstler, die sich in der Vergangenheit nicht am Ausverkauf Ahrenshoops beteiligen konnten oder wollten, zogen die Katen des Fischlandes als Sommersitz vor. Das gilt auch für Gerhard Marcks, der seine Bekanntschaft mit der Gegend dem in Ahrenshoop siedelnden Maler-Freund Alfred Partikel verdankte. Um 1930 kaufte der bereits bekannte Gerhard Marcks das Haus am *Boddenweg*, ohne zu ahnen, wie sehr ihn das Schicksal an sein Sommerhäuschen binden würde.

Der einstige Bauhausmeister war gerade kommissarischer Direktor der Kunstgewerbeschule Burg Giebichenstein in Halle/Saale geworden. 1933 widersetzte er sich der Entlassung einer wegen ihrer jüdischen Abstammung nicht genehmen Kollegin durch die Nationalsozialisten. Der Verlust des Lehramtes und eine Hetzkampagne der neuen Machthaber in Berlin waren die zwangsläufige Folge.

Das Niehäger Haus mit der alten Sonnentür wurde nun sein Refugium. Für den späteren Schöpfer der Skulptur der Bremer Stadtmusikanten, jener Tiere, die als Außenseiter und Verstoßene ihr Glück in der Fremde suchten, wurde das Drücken der uralten Haustürklinke seines Katens nun zum Alltag. Nur 1937 zog es ihn noch einmal, und zwar als sein Berliner Atelier fertig gestellt wurde, in die Hauptstadt zurück. Aber es folgte ein Ausstellungsverbot, seine Kunst wurde von den Nationalsozialisten als entartet diskreditiert und aus allen Museen entfernt. Noch härter traf ihn der Tod seines Sohnes an der Front. Doch nicht genug, der alliierte Bombenhagel auf Berlin vernichtete die Wohnung, das Atelier und Teile seines Werkes. So wurde für Gerhard Marcks und seine Familie der Sommersitz eine neue Heimstatt.

Zahlreiche Werke verdankte der Künstler der reizvollen Landschaft und ihren Bewohnern. Die Bekanntschaft mit Ernst Barlach vollzog sich unter der Begeisterung beider für die herbe Natur Norddeutschlands und seiner Bewohner.

Die Vervollkommnung seiner Holzschnitttechnik verdankte Marcks schließlich seinem Aufenthalt in Niehagen, denn das Haus hatte keinen Platz für ein großes Atelier, und der Platz im Schuppen, in dem der Künstler arbeiten musste, reichte nur für die Schaffung kleinformatiger Werke.

Über der einfachen Fassade des Hauses in der *Hauptstraße 20* in Althagen blinzelt das Auge einer Dachgaube. Die frühere Besitzerin des Katens, Käthe Miethe, beschrieb in ihren Büchern immer wieder die behäbige Liebenswürdigkeit dieses Anblickes.

Neben den Haustüren sind die kleinen Sprossenfenster mit ihren oftmals farbigen Fensterläden typisch für die Fischlandarchitektur.

Gerhard Marcks hat sein Haus kaum verändert, als er es 1946 in Richtung Hamburg für immer verließ. Noch weniger hat die heutige Bewohnerin den Zustand verändert. Wie eine Insel in der Zeit liegt das Haus unversehrt und unbelastet von jeglicher Bauwut am Boddenufer.

Mehr über die Geschichte ihres Hauses in Althagen weiß Familie Spies zu berichten. Aus Interesse an der Vergangenheit hat sie alte Unterlagen darüber gesammelt. Danach wurde das Haus vor 1830 als eines der so genannten »Napoleonhäuser« gebaut. Die Erlaubnis, ein Haus zu bauen, erhielten die abgedankten Soldaten nach dem siegreichen Ende der Befreiungskriege von der Napoleonischen Herrschaft. Eine Eintragung auf den Namen Heinrich Koop vom 20. Februar 1854 befindet sich ebenso in den Unterlagen wie die Nachricht über die Aufmessung der Büdnerei 56, heute *Hauptstraße 21*, aus dem Jahr 1858.

Nach der Jahrhundertwende, mit dem Einsetzen des Badebetriebs, ging es wie viele andere Häuser, in den Besitz eines zahlungskräftigen Sommergastes über. Die Umbaupläne aus dem Jahr 1912, nur z.T. verwirklicht, zeigen, dass hier ein Architekt am Werke war. Sogar ein Plan für die Anordnung der Gartenbeete mit der genauen Lage der einzelnen Gemüse- und Obstsorten, hat die Zeiten überdauert.

Türen und Fenster des Häuschens strahlen in frischen Weiß- und Blautönen. Vom Gartenhang geht der Blick weit über den Bodden. Jedes Wetter ist vor seinem Eintreffen am Himmel absehbar, das gefürchtete Gewitter ebenso wie die Sonne zum Aufhängen und Trocknen der Wäsche ...

Die Bewohner Alt- und Niehagens waren zum größten Teil so genannte kleine Leute. In der Landwirtschaft, als Fischer auf dem Bodden und als Handwerker verdienten sie ihren Lebensunterhalt, bevor sie vornehmlich als Matrosen auf die Segelschiffe stiegen, die vorzugsweise den Nachbarn in Wustrow oder Prerow gehörten.

In der Kunst der Boddenfischerei, die die alten Schiffer von Wustrow mit einem scheelen Auge betrachteten, machte den Althägern keiner etwas vor.

Angeregt durch den Aufenthalt der Sommergäste zum Beginn des 20. Jahrhunderts begannen die Fischer, Regatten auszutragen. Ein Artikel der Zeitschrift »Die Yacht« aus dem Jahr 1909 berichtet über die Anfänge der Zeesbootregatten: *»Im allgemeinen sind diese Zanderfahrzeuge unseren Sportbooten so unähnlich wie möglich. Breite, hochbordige, geklinkte Eichenkähne von 10–12 m Länge und 3–3 1/2 m Breite mit stumpfem, massigem Vorderteil, das die scharfe See abweist, und kräftigem Sprung über Deck, mit einem breiten, dicken eichenhölzernen Mittelschwert machen sie einen mehr vertrauenswerten als schneidigen Eindruck. Trotzdem sind diese Fahrzeuge tüchtige Amwindsegler, die in der Hand des Geübten durchaus nicht zu verachten sind ... Der Gedanke, mit diesen Booten eine sportliche Veranstaltung ins Werk zu setzen und bei den wetterharten Fischern Sinn und Verständnis für Regattasegeln zu erwecken, war nicht leicht in die Tat umzusetzen ... Mit Rücksicht auf die ortsüblichen Gewohnheiten und die zähe Eigenart der Fischerbevölkerung konnte natürlich bei dieser Regatta, wie auch im vorigen Jahr, nicht so verfahren werden, wie wir es gewohnt sind. Die Bestimmungen mussten vereinfacht und vor allen Dingen der Start so gestaltet werden, dass die ungefügen schweren Boote sich bei dieser Gelegenheit nicht gegenseitig beschädigten und die wahrscheinliche Bildung von Kleinholz möglichst vermieden wurde. Daher wurden auch alle Vorschriften über das Benehmen der Regattaboote an den Bojen von vornherein als überflüssig über Bord geworfen. ... Eine besondere Spezialität der Althäger Regatta ist ein höchst merk-*

Am Strom 6 in Ahrenshoop versteckt sich im Schatten hoher Bäume der Katen, der einmal vom Grafiker Georg Hülsse bewohnt wurde.

Der Holzpfahl am Weg durch die Boddenwiesen markiert die historische Grenze zwischen mecklenburgischem und schwedisch-preußischem Herrschaftsgebiet, deren Bedeutung heute nicht mehr nachvollziehbar ist.

würdiger Trostpreis, der dem Herkommen nunmehr entsprechend für dasjenige Boot ausgesetzt ist, welches als vorletztes die Ziellinie passiert. Noch ist es den Bootsführern nicht in den Sinn gekommen, den erwarteten ernstlichen und spaßhaften Kampf um diesen Preis auszufechten, wie denn überhaupt zur Schande der Sportseglerei bekannt werden muss, dass die Wilden draußen doch viel bessere Leute sind. Trotzdem die Regattaleitung ihnen schon bei der ersten und noch mehr bei der zweiten Regatta klar zu machen versucht hatte, dass man ein Rennen nicht nur durch eigenes gutes Segeln gewinnen könne, sondern auch durch das reglementierte Schikanieren der Konkurrenten, wurde von keinem der mitsegelnden Boote ein solcher Versuch gemacht. Das Ueberluven und ähnliche Kunststücke gelten dort noch als unfair, und an den Bojen machte man sich gegenseitig ehrerbietig Platz, was wesentlich zur Erheiterung der sachverständigen Passagiere auf den Begleitdampfern beitrug. Man sieht, Segeln verdirbt den Charakter, wenigstens wenn es auf Regatten betrieben wird. Hier aber befinden wir uns noch bierehrlichen Naturmenschen gegenüber, die bei der Regatta nichts weiter zeigen wollen, als dass sie tüchtige Segler und ihre Boote schnelle Fahrzeuge sind …«

Autor des Artikels war kein geringerer als Adolf Miethe, dessen Tochter Käthe späterhin die berühmteste und erfolgreichste Autorin dieses Landstrichs werden sollte. Schon 1916 erwarb sie in der *Hauptstraße 20* die alte Büdnerei 54, die sie von 1939 bis zu ihrem Tod 1961 immer bewohnte.

Die Kleine-Leute-Tür ihres Katens ist rostbraun und blau gestrichen und von einfacher Machart. Der einflügelige Einlass ist in drei schmucklose Felder aufgeteilt, das sprossengeteilte Glas des Oberlichtes spendet dem Flur Helligkeit. Hinter dieser Tür wurden die Geschichten des Fischlands und seiner Bewohner gesammelt und in ihren weit verbreiteten und heute noch immer gern gelesenen Werken populär gemacht. Aus ihrem wohl bekannsten Buch »Das Fischland« mit den Zeichnungen eines weiteren berühmten Künstlers, Fritz Koch-Gotha, erfuhren die Nachbarn erst vom Wert der sie umgebenden Dinge. Der Schriftstellerin gelang es, die Alteingesessenen durch ihre Bücher auf die Schönheit und Zweckmäßigkeit ihrer Häuser und die alten

Bräuche aufmerksam zu machen. Unermüdlich beschwor sie ihre Nachbarn, nichts davon herzugeben, kein Fenster, keine Tür, kein Rohrdach und keinen Garten der Bauwut zu opfern. Sorgfältig, wie die Recherchen zur Alltagskultur des Fischlandes, waren auch ihre Untersuchungen zur Seefahrtsgeschichte.

Dafür wandte Käthe Miethe sehr oft eigenwillige Methoden an, wie ihr damaliger Nachbar, Herr Viergutz, noch heute zu berichten weiß. Sein Vater, der noch auf einem englischen Segelschiff zur See gefahren war, war einer ihrer Gewährsmänner. Um ihn zum Reden zu bringen, lud Käthe Miethe ihn für gewöhnlich in das »Boddenhaus« ein. Im Verlaufe der Unterhaltung schrieb sie die Geschichten des Seefahrers auf kleinen Zettelchen auf und ließ sich auch so manchen Shanty von ihm vorsingen. Auf Viergutz' Vater soll auch der von Käthe Miethe oft zitierte Spruch zurückgehen, der noch immer als eine Gebrauchsanweisung zum Trinken gilt: *»för'n Schnaps 'n Schnaps un nah'n Schnaps, 'n Schnaps«*.

Da die Seemänner in der Runde mit Käthe Miethe diesen Spruch gern und ausgiebig beherzigten, war es gut, wenn nach einem solchen Gesprächsabend, bei ihrer Heimkehr im Hausflur Licht brannte. Und da die Türen ihre individuellen Sprossen und markanten Oberlichter hatten, konnte keiner der angeheiterten Seebären sein Ziel verfehlen. Käthe Miethe, eine immer in Hosen gekleidete Frau mit einer tiefen Stimme, vertrug offensichtlich mehr als ihre Gesprächspartner. Gefragt von den übrigen Viergutz', ob sie denn dem Vater immer so viel zu Trinken spendieren müsse, antwortete sie schlagfertig: *»Ja, das musse sie, dann erzählt er mehr ...«*

Von einer immer bestehenden Gefahr für die Rohrdachkaten weiß Herr Viergutz noch aus eigener Anschauung zu berichten. Zog gegen Abend ein Gewitter auf, mochten nicht einmal die Kinder Schlafengehen. Die Gute Stube wurde dann zur »Gewitterstuv«, dort stand auch immer die mit den allernötigsten Papieren gepackte »Gewittertasche«. 1950 brannte das Nachbarhaus durch Blitzschlag ab. Es war gerade frischgedeckt, das Rohr noch sehr trocken. Auf den

Die Tür des *Ahrenshooper Kunstkatens* verbindet traditionelle Gestaltung mit Anklängen des Jugendstils. Nach der Rekonstruktion des Hauses wird sich auch die Eingangstür in alter Weise präsentieren.

Die zwei Felder der Haustür im Ahrenshooper *Koppelweg 2* enthalten die Symbole, die der Seemann für das Überleben auf Großer Fahrt benötigte: Sterne und Sonne für die Navigation.

Dächern der umliegenden Häusern saßen die Nachbarn und schlugen die Funken mit langen Feuerpatschen aus. Im Gedächtnis verblieb das angstvolle Brüllen des freigelassenen Viehs, der Qualm des Feuers – und wieder war ein Haus unwiederbringlich verloren.

Am nächsten Tage betrachtete Herr Viergutz den neben dem Hause stehenden Ahornbaum. Dessen Äste waren durch das Feuer völlig ausgetrocknet. Der alte Baum hatte durch sein dichtes Blätterdach die übrigen Häuser vor dem schlimmsten Funkenflug abgeschirmt.

Eine weitere Geschichte über die berühmte Nachbarin Käthe Miethe fällt Herrn Viergutz noch zum Abschluss ein. Zum 110-jährigen Bestehen der Wustrower Seefahrtsschule so erzählt er, waren sowohl Käthe Miethe als auch sein Vater als Ehrengäste geladen. Befragt von der Familie, was es denn bei den Feierlichkeiten so besonderes gegeben hätte, antwortete der alte Seebär: *»Ick heff to'n ierstenmal Käthe Miethe in'n Rock seihn.«*

Als jedoch Vater Viergutz Käthe Miethe ankündigte, die alten Fenster durch modernere so genannte »Berliner Fenster« zu ersetzen, bekam die »Freundschaft einen Knacks«. Die Verunstaltung des Hauses konnte die Bewahrerin der Tradition des Fischlands nicht begreifen, und die braunblaue Tür ihres Hauses wurde unmissverständlich geschlossen.

Ahrenshoop

Das Fischerdorf gilt auch heute noch als Künstlerkolonie. Glaubt man seinen Augen und nicht nur den vielen Reiseführern, so begreift man schnell den Sinn des Begriffes. Der Name rührt bestimmt auch daher, dass die Künstler sich den Ort untertan machten.

Bevor das einschneidende Ereignis jedoch eintraf, hatte das Dünendorf auf Grund seiner geografischen Lage schon zweimal die große Chance, Geschichte zu schreiben.

Die erste billigte der Pommernherzog Bogislav IV. dem kleinen Flecken am Rande seines Reiches zu. Der Darßer Kanal, eine Laune der Natur in Gestalt eines natürlichen Wasserlaufs, stellt eine Verbindung zwischen der Ostsee, dem Bodden und den Bodden-Städten dar. Was lag deshalb näher, als hier eine Hafenstadt zu gründen, um zu Reichtum wie die benachbarten Hansestädte Stralsund und Rostock zu kommen?

Die Burg Ahrensspöhr wurde mit einem festen Turm versehen und der Hafen ausgebaut. 1395 fand die Hansestadt Rostock ein einfaches aber probates Mittel, um sich des Klipphafens ohne Stadtrecht und Privilegien zu entledigen. Argwöhnisch beobachteten die Hanseatischen Kaufleute die aufkeimende Konkurrenz, mit einem überraschenden Überfall zerstörten etwa »1000 wehrhafte Männer« die Burg und gleichzeitig »dämmeten« sie auch den Hafen ein. Damit war der Traum von einer bedeutenden Stadt für die nächsten Jahrhunderte ausgeträumt. Einsam siedelten ein paar Fischer und ein Bauer im Sand, der nur gelegentlich von den Füßen durchziehender Seeräuber und Schmuggler aufgewühlt wurde. Längere Zeit gab es einen Fährmann, bis eine der größeren Sturmfluten den Darßer Kanal zu einem Rinnsal ohne Meereszugang versanden ließ.

Im 18. Jahrhundert erhielt der Ort, er war inzwischen schwedisches Hoheitsgebiet geworden, eine weitere Chance. Für die mecklenburgischen Schiffer war es damals lukrativ, in das Grenzdorf überzusiedeln. Die neutrale schwedische Flagge verhieß gewinnreiche Fahrten im Seehandel.

Das gelbe Haus mit der blauen Tür des Borner Ortschronisten in der *Nordstraße 2* ist ein allgemein ein beliebtes Motiv.

Gut erhalten und gepflegt ist die Doppeltür des Hauses in der *Nordstraße 29* in Born.

Als Mitte des 19. Jahrhunderts die ersten Maler in den Ort kamen, zählte er keine vierzig Wohnhäuser und ganze hundertfünfzig Einwohner. Die Gewinne aus der Segelschifffahrt waren schon in dieser Zeit rückläufig. Die sprichwörtliche malerische und geradezu liebenswürdige Armut Ahrenshoops führte zu einem wahren Ausverkauf an Häusern, Grund und Boden, der bis heute anzuhalten scheint.

Zunächst verkaufte man den Malern, die siedeln wollten, Bauland. Diese ließen sich Häuser erbauen, allerdings nach ihrem eigenen, städtischen Geschmack. Hinzu kamen die großäugigen Gebäude der Malschulen, in denen die Künstler ihre jüngeren Kolleginnen und Kollegen unterrichteten. Dabei profitierten sie vor allem davon, dass in Deutschland Frauen das Universitätsstudium nicht gestattet war, und sie hier Privatunterricht nehmen konnten. So stieg sehr schnell die Zahl der Kunststudentinnen, die die Einheimischen auch als »Malweiber« bezeichneten. Eine Welle zeichnender und malender Frauen und Männer schwappte in den Ort. Die Einwohner, ihre Häuser, die Natur wurden Objekte der Kunst. Mit den Malern kamen auch die ersten Sommergäste in den Ort, und manch ein Sommerfrischler und Badegast verspürte den Wunsch, ein eigenes Sommerhäuschen zu erwerben. So entstanden in kurzer Zeit in den bis dahin einsamen Sanddünen Gründerzeithäuser und Bauhausvillen dicht gedrängt, je nach Fasson und Geschmack ihrer Erbauer. Da Alles- und auch Nichtskönner sich dabei die Waage hielten, wechselte sehr oft auch aus finanziellen Gründen manches Haus seinen Besitzer.

Den Malern folgten weitere Künstler und Prominente, vor allem Kunstmäzene, die von der Atmosphäre der Künstlerkolonie profitieren wollten, fehlten nicht. Diese sollten nach dem Willen der Maler ihr Geld hier ausgeben, und deshalb wurde die Idee für ein Ausstellungs- und Verkaufsgebäude geboren. Den Entwurf schufen die Maler Theobald Schorn und Paul Müller-Kaemff, der als der eigentliche Entdecker des Dünendorfes gilt. Beiden ist es zu verdanken, dass der *Ahrenshooper Kunstkaten* unter behutsamer Aufnahme traditioneller Architekturelemente erbaut wurde. Ihr Entwurf fand auch die Fürsprache des Prinzen Eitel Friedrich von Preußen und seiner Gattin, Prinzessin Sophie Charlotte.

Unter dem Reetdach öffnete sich die schöngeschnitzte Tür am 11. Juni 1909 zum ersten Mal für »heimische Kunst und Kunstgewerbe«. Neben Werken professioneller Künstler wurden auch einheimische Schnitzarbeiten ausgestellt und verkauft. Zum ersten Mal kam es zu einem vorsichtigen Dialog der Volkskultur mit der Kultur der Fremden. Doch schon 1918 schloss sich die Tür für den öffentlichen Besucherverkehr wieder, und der Katen ging in Privatbesitz über.

Erst 1946, als der »Kulturbund zur demokratischen Erneuerung Deutschlands« das Gebäude pachtete, fanden wieder Ausstellungen der Künstler des Fischlands statt. Der Kulturbund trug auch Sorge dafür, dass nach einem Brand an Dachstuhl und Gebäudeteilen 1974 die Ausstellungsräume wiedereröffnet werden konnten. 1993 wechselte der Katen erneut seinen Eigentümer, heutiger Besitzer ist die Gemeinde Ahrenshoop.

Wie viele Besucher mögen inzwischen die Tür durchschritten haben, ohne etwas vom wechselhaften Geschick des Hauses zu erahnen?

Vielen Türen ist heute nicht mehr anzusehen, welche berühmte Hand hier schon die Klinke niedergedrückt hat und Gast des Hauses war. Ein Beispiel dafür ist das alte Zollhaus in der *Dorfstraße 6*. Das Haus wirkt unspektakulär, die Haustür ist wahrhaftig keine Besonderheit, sie ist eher als moderne Ersatztür zu bezeichnen. Trotzdem hat im Sommer des Jahres 1918 Albert Einstein im Haus von Frieda Niemann Quartier genommen und sich wohlgefühlt.

Auf der Ahrenshooper *Dorfstraße* kommt man unweigerlich ins Philosophieren über die eigentümliche Straßenbezeichnung. Der Weg, der das Fischland und den Darß verbindet, war jahrhundertlang unbefestigt. Von Wustrow aus kommend, heißt er *Hauptstraße* und führt durch Alt- und Niehagen.

Am Eingang des Ostseebades Ahrenshoop wandelt er sich zur *Dorfstraße*. Möglicherweise hat diese Benennung ihren Ursprung in einer gewissen Gleichgültigkeit der ehemaligen Bewohner dieser Straße gegenüber. Außer den Karren der

Das Wohnhaus in der Borner *Chausseestraße* (gebaut in den 30er-Jahren des 20. Jahrhunderts) greift in der Türgestaltung auf volkstümliche Ornamentik zurück. Neben der Sonne zeigt sich hier das Tulpenmotiv, das ursprünglich in seiner Bedeutung mit dem Lebensbaum gleichgesetzt wird.

Die zurückhaltende Farbigkeit im Eingangsbereich der kleinen Pforte bis hin zur Hausfassade wird durch die Blütenpracht des Bauerngartens prächtig ergänzt.

Heringsaufkäufer konnte ursprünglich kaum etwas Erfreuliches auf diesem Wege daherkommen. Für den Personentransport war man auf das Boot angewiesen, das über den Bodden jeden gewünschten Ort erreichen konnte. Von Käthe Miethe ist die Anekdote überliefert, dass sie als Kind eines Morgens eine Malerin dabei beobachtete, wie diese mit einer Gießkanne die zu ihrem Motiv gehörende Pfütze auf der Ahrenshooper *Dorfstraße* wiederherstellte.

Für Jüngere heute schwer vorstellbar, den Älteren noch gut im Gedächtnis, sind die Jahre in der Mitte des 20. Jahrhunderts, als die *Dorfstraße* noch ein zerfurchter Sandweg war. Nur ein einziges Taxi und das Auto des Arztes waren die im Notfall verfügbaren Fahrzeuge. Diese wühlten sich bei Wind und Wetter durch den Dünensand, der sonst nur Pferdefuhrwerken vorbehalten war. Neben der Fahrbahn gab es zusätzlich zum Fußweg nur eine einigermaßen moderne Einrichtung an der frischbepflanzten Straße – einen Radweg. Fahrräder gab es schon früh auf dem Darß.

Auf der Suche nach geschichtsträchtigen Türen zum *Hohen Ufer* abzubiegen, lohnt sich nicht. Scherzhaft nennt man noch heute das Viertel »Millionenhügel«, wegen des Reichtums seiner Erbauer und Bewohner.

Wer will schon die Geschichten von den Millionen lesen? Der Gerechtigkeit halber sei erwähnt, dass am Ende des Weges *Am Strom*, am Rande des »Millionenhügels«, doch noch eine alte Tür existiert, die der Betrachtung Wert ist.

Die Tür gibt dem denkmalgeschützten Häuschen, das dem Grafiker Georg Hülsse gehörte, ein besonderes Gesicht. Das klar gegliederte Oberlicht verleiht der sonst schmucklosen

Holztür jenen Zug von Einfachheit, der sich sehr wohltuend von der Umgebung abhebt.

Weiter führt uns die Suche nach besonderen Türen zum *Schifferberg.* Auch hier stehen auf den Sanddünen Gründerzeitvillen. Daneben haben sich Hotels und Gaststätten an die Wege gelagert. Bei ihrem Anblick könnte man vermuten, die Nachfahren der Seeräuber hätten hier gebaut. Vielgeschossige Pseudofachwerkhäuser schmücken sich mit einem Reetdach und täuschen eine Anlehnung an die traditionelle Bauweise der Gegend vor. In ihren Dächern reißen mutierte Gaubenfenster ihre starren, konfektionierten Augen auf. Geschichts- und gesichtslos halten die modernen Haustüren und Fenster nach den Gästen Ausschau.

Am Ende des *Koppelweges,* am Rande des Naturschutzgebiets »Ahrenshooper Holz« gelangen wir zum »Haus Droß«. Um 1924/25 hat es die Malerin Dora Koch-Stetter, hier selbst häufiger Quartiergast, auf einem heiteren Sommerbild verewigt. Hier stoßen wir auf eine fast entschwundene Geschichte, doch wir kommen leider zu spät: Lilli Baeck, die das Haus seit 1955 bewohnte, ist verstorben, doch bereitwillig geben ihre Nachfahren Auskunft. Als Lilli Baeck und ihr Mann damals das Haus besichtigten, sagte sie: »Ne. Mach schnell die Tür wieder zu, hier zieh' ich nicht her.« Ein Brand hatte das Haus verwüstet – ein Augenblick der Unachtsamkeit beim Teerkochen und ein Funkenflug setzte das Reetdach in Flammen. Das Feuer hat sich den Älteren in Althagen bis heute in ihrer Erinnerung eingebrannt.

Nach der Renovierung ging Frau Baeck daran, das Haus in eine Schatzkammer zu verwandeln. Sie war eine begeisterte Sammlerin von Zeugnissen der Alltagskultur. Aner-

Die Rundbogen der oberen Glasfelder sind eine Besonderheit Borner Haustüren.

Abseits des Borner Ortskerns, *Auf dem Branden 15,* liegt das alte Schifferhaus. Die reichen Verzierungen in der Schnitzornamentik werden durch die Farbgebung besonders wirkungsvoll unterstrichen.

kennend weiß ihr Althäger Nachbar Viergutz zu erzählen, wie Lilli Baeck mit einem alten, schwarzen Sofa seiner Familie, das keiner mehr haben wollte, freudig von dannen zog. Sie sammelte, »weil sie den Sinn in den Dingen sah«. Später klopften oft interessierte Volkskundler an die rote Sonnentür ihres Hauses und sie wurden bereitwillig durch ihre Sammlung von altem Geschirr, Zinn und Gerätschaften geführt.

Auch wir dürfen einen Rundgang um das Haus machen. Die Befestigung der Sanddüne, auf welcher das Haus gebaut wurde, war ein einziger Kampf mit den Tücken der Natur. Mit der Anpflanzung von Bäumen und Gehölzen musste ständig der Boden befestigt werden. Jedes der alten Hausfenster hat andere Fensterläden. Grob gezimmert und rotgestrichen sind sie alle, einmal ist ein Herz als Lichteinlass eingeschnitten, ein anderes mal ein Blumentopf, dann wieder sind es Vögel. Auch ein kleines ovales Bullaugenfenster lugt vorwitzig unter dem tiefgezogenen Dach hervor.

Zur Haustür führt auf der Düne eine Treppe hoch. Die Sonnentür ist in den Lieblingsfarben Lilli Baecks gestrichen: rot, blau und gelb. Weit kann man aus den Fenstern des Hauses am Rande von Ahrenshoop über die benachbarten saftigen Bodden-Wiesen blicken.

Was wird in Zukunft aus dem ehemaligen »Schatz« Lilli Baecks werden? Wir wissen es nicht.

Born

Das wohl auffälligste Haus liegt in der *Nordstraße 2*. Aus Kalendern, Verlagsprospekten, Abbildungen in unterschiedlichsten Bildbänden über die Region und von zahlreichen Spaziergängen ist es vielen gut bekannt. Dass es zum beliebten Fotomotiv wurde, liegt wohl zunächst einmal an der ungewöhnlichen Farbgebung: Eine buttergelbe Fassade wird unterbrochen durch die Details der blauen Tür und der blauen Fensterläden.

Eine wunderbare Einrichtung der Bewohner auf der Halbinsel hat sich bis heute hier gehalten, eine Bank vor dem Haus. Als man in den Dörfern noch unter sich war und vor allem kaum Autos Staubwolken auf den kleinen Sandwegen aufwirbelten, gehörte die Bank vor dem Haus zu den täglichen Gebrauchsgegenständen. Heutzutage stehen die Bänke – wenn sie überhaupt noch vorhanden sind –, hinter dem Haus. Dadurch entzieht sich der Besitzer nicht nur den neugierigen Blicken der Vorübergehenden, sondern schützt sich damit gleichzeitig vor der an den Wochenenden im Sommer einfallenden Autolawine – wer will es ihm verdenken!

Auf der Bank vor dem gelben Haus, dem historischen Relikt gewissermaßen, kommen wir mit Herrn Becker, dem Ortschronisten ins Gespräch.

Sein Haus muss um 1850 von einem Matrosen gebaut worden sein. Eine Karte von 1818 zeigt auf dem Grundstück eine Bebauung näher zur Hecke am Wege an. Die Vorbesitzer des Hauses waren seine Großmutter und ihr Lebensgefährte, der Seemann Wilhelm Segebarth. Herr Becker selbst strich das Haus in seiner Lieblingsfarbe, jedoch nicht ohne die Eltern von diesem Vorhaben zu unterrichten. Das war auch nötig! Gedecktes Grün für die Tür, Weiß und Grau – das waren die in Born bis dahin beliebten Fassadenfarben.

Beckers Häuschen war das erste gelbe Haus in der Gegend. Noch dazu mit blauen Fensterläden! Die Antwort seiner Nachbarn auf die gewagte Farbkombination ließ nicht lange auf sich warten. »Papageien-« und »Zirkushaus« waren

21

Immer wieder begegnet man auf dem Darß dem Sonnen-
symbol.

Modernere Haustüren zeigen sich weniger zurückhaltend in
der Farbgestaltung ihrer Motive.

die geläufigsten Spottnamen, mit denen die Dorfbewohner sein Domizil belegten. Langsam aber mischte sich auch eine gewisse Anerkennung in ihre Bemerkungen, denn bald hieß es schon: »Die Urlauber finden's gut!« Mittlerweile hat sein Haus so manchen Nachahmer gefunden.

Es ist schwer, etwas Neues durchzusetzen. Der unternehmungslustige Herr Becker ist sehr darum bemüht, auch das Dorfleben in Schwung zu bringen. Nach seiner Überzeugung feiern besonders die Borner und Wiecker, die als Boddendörfer immer zusammenhielten, die schönsten Feste auf dem Darß. Die ausgelassene Stimmung beim sommerlichen Tonnenabschlagen kennt der Tourist, der mehr oder weniger zufällig schon einmal Gast dieses Ereignisses war.

Was aber ist ein Borner Fastnachts-Tonnenabschlagen? Begeistert werden wir aufgeklärt: Mitten im Winter gibt es hier ein weiteres Tonnenabschlagen. Das Fest beginnt mit einem Kostümumzug, und wer am eigentlichen Wettkampf als Reiter teilnehmen möchte, muss dies im Kostüm tun, selbst die Pferde werden geschmückt. Abends findet dann ein Maskenball statt, wobei es sich jeder Teilnehmer zur Ehre macht, in einer selbst angefertigten Verkleidung zu erscheinen. »Und erst um Mitternacht heißt es dann Masken ab!« Das klingt für uns fast so, als wollten die Borner an die alte Tradition der winterlichen Bälle der Seeleute neu anknüpfen.

Ins Schwärmen gekommen, haben wir auf der Bank Platz genommen. Dann dürfen wir noch neidische Blicke in Herrn Beckers Fotosammlung werfen. Wir betrachten alte vergilbte Familienfotos, und aus jedem springt uns eine Geschichte an.

Da gibt es Weihnachts- und Festtagsbilder der Familien, wenig zum Essen und kaum Geschenke auf den Tischen, dafür aber glückliche Gesichter. Dann das »Haus Johanna«, das dem Kapitän Behrens gehörte, der eine so unstillbare Sehnsucht nach dem Meer hatte, – dass er eine Dachterrasse – wie eine Schiffsbrücke geformt, anbauen ließ.

Stolze Eltern mit ihren Kindern vor dem Haus. Immer wieder fällt dabei eine Eigenart vieler Borner Haustüren auf: Die Glasausschnitte der meist zweiflügeligen Türen enden

in einem Rundbogen. Fast eine ganze Generation dieser Türen muss in einer Tischlerei gefertigt worden sein, die die Rundbögen als ihr besonderes Angebot herstellen konnte.

Auch Herr Becker hat die Bruchstücke von einer alten Tür gerettet und vorsorglich eingelagert. Die Stücke leben heute in einer neuen Tür in Born weiter. Chronisten haben ein Gespür dafür, dass man alles Alte noch einmal verwenden kann ...

Ein weiteres Haus in der *Nordstraße* trägt die Hausnummer sehr unorthodox, angebracht an der Seite der nebenstehenden Schuppenwand. Zwei aufeinandertreffende Wege sorgen dafür, dass der Vorgarten einen spitzen Winkel bildet, und wäre die Hausnummer an der Eingangsseite des Hauses befestigt, dann könnte man von der Straße her sie schwer erkennen ...

Seit über fünfzig Jahren lebt Frau Garutzki nun schon in Born, seit sie als Flüchtling aus Königsberg in das Dorf kam. Gemeinsam mit ihrem Bruder pflegte sie die damalige Hausbesitzerin, die das biblische Alter von fast einhundert Jahren erreichte. Gemeinsam mit dem Bruder hält Frau Garutzki das Haus in der *Nordstraße 29* seit 1947 instand. Das Wohnhaus ist 1780 gebaut, die Wände sind schwarz geteert, in dunklem rot und blau sind die Fenster und auch die Türen gestrichen. Sie hat die Farbtöne beibehalten und nimmt an, dass die Wahl den Tönen entsprach, die beim Teeren der Fischerboote früher verwendet wurden.

Die Tür im *Bliesenrader Weg 1* in Wieck ist den Wustrower Haustüren im Aufbau ähnlich. Bemerkenswert ist auch die verspielte Sprossengestaltung im Oberteil, die in Blattelementen endet.

Im Wiecker *Quergang* ist das Sonnensymbol einmal nicht auf dem Türblatt, sondern als Halbsonne in der oberen Bekleidung vertreten.

Auf unseren Stoßseufzer über die Schönheit des Hauses folgt eine prompte Antwort: »Das sagen alle. Sie müssten einmal drin wohnen!« Ein bisschen Angst hat sie, wenn sie an den Umbau denkt. Die Arbeit in einem solchen Anwesen fängt mit der Kohleheizung im Winter an und hört beim Heckenschneiden entlang der Grundstücksgrenze im Sommer nicht auf. Alle Fenster sind schief und unregelmäßig. Das kleinste ist ein zehn mal zehn Zentimeter großer Lichteinlass in der Bodenluke. Industriemaße werden hier nicht passen, und Normteile kennt ein so altes Haus ebenfalls nicht ...

Für heutige Verhältnisse ist das alte Ungetüm eben unbequem, nicht zuletzt auch für die Handwerker.

Eine raffinierte und gemütliche Besonderheit weist die alte Haustür aber noch auf. Diese Besonderheit hat sie dem Umstand zu verdanken, dass sie im Gegensatz zu vielen anderen Haustüren genau zur Wetterseite zeigt. Die eigentliche Haustür liegt in einer relativ flachen Leibung. Davor befindet sich zum Schutz vor Wind, Staub und Schnee noch eine zweite schmucklose Tür. Im Winter sorgt die Doppeltür auch dafür, dass der Hausflur nicht auskühlt.

Vor dem Eingang standen früher zwei Eichen. Die vorgenommene Melioration grub ihnen das Grundwasser ab. Auf die beiden dicken Stümpfen hat Frau Garutzki Geranien gesetzt. Ein bisschen schaudernd erzählt sie, dass einer der Bäume noch lange wie ein Gespenst dagestanden hat.

Nicht zum ersten und gewiss auch nicht zum letzten Mal geraten wir über den riesigen Birnenbaum im Vorgarten ins Schwärmen. Der Baum hat die Anfechtungen der Melioration bisher unbeschadet überstanden. Freude huscht über das Gesicht der Hausherrin. Im Herbst ist der Baum goldgelb und erst richtig schön, sagt sie noch.

Goldgelbe Birnen vor einem schwarzen Haus im weichen Herbstlicht – allein schon diese Vorstellung verlockt zum Wiederkommen nach Born.

Wieck

Stapft man durch Wiecks sandige Wege, ahnt man, welcher Mühe es bedarf, hier etwas wachsen zu lassen. Das einzige Gemüse, das die Bauern hier früher anbauten, waren Mohrrüben, immer wieder nur Mohrrüben. Diese lieferten sie mit dem im Darßer Wald geschlagenen Holz als Abgaben an ihre Grundherren.

Die Touristenströme zogen an dem kleinen Ort am Binnenwasser vorbei in die Dörfer an der Küste. In der Mitte des Fleckens erhebt sich der Neubau der »Darßer Arche«, der ein Anlaufpunkt für die Gäste und Besucher des »Nationalparks Vorpommersche Boddenlandschaft« werden soll.

Das Haus im *Bliesenrader Weg 1* kann man getrost prachtvoll nennen. Es trägt ein altes Rohrdach, besitzt eine helle Fassade, regelmäßige Fischlandfenster mit grünen Fensterläden und alles umrahmt die grün-rot-weiße Eingangstür. Sie ist am ehesten den Wustrower Schiffertüren ähnlich. Im Oberteil der beiden Flügel sind große Glasausschnitte, die aus z. T. farbigen und unterschiedlich geschliffenen Teilen zusammengesetzt sind. Die aufwändigen weißen Ziersprossen enden in roten Blättern. Die unteren Füllungen sind einfache rote Felder, abgesetzt mit dünnen weißen Linien. Daneben ragen auf den grünen Beschlägen rot und weiß betonte Halbsäulen. Die ganze Tür macht einen klaren, akkuraten Eindruck. Wer hat sich das alles ausgedacht?

Frau Schuhmann, eine über siebzigjährige Zugewanderte aus dem Sudetenland, die seit 1973 das Haus mit ihrem Mann bewohnt, zögert bei der Antwort. Was sie nicht aus-

»Kaspermatzis«-Haustür in Prerows *Langen Straße 49* ist noch heute der Beweis für das erfolgreiche Improvisationsvermögen in einer Mangelwirtschaft.

Selbst in der Bekleidung der Rahmen findet sich das Sonnensymbol hier als farbiges Oval wieder. Das auffällige Schachbrettmuster im unteren Bereich hatte – ähnlich einer Schuppenstruktur – unheilabweisenden Charakter.

66

spricht, ahnen wir dennoch. Sie gilt in den Augen der Einheimischen noch immer als eine Zugewanderte.

Die Auflistung der Familiennamen von Wustrow bis Zingst ist seit alters her sehr übersichtlich. Namen wie Mietbrot, Brathering und Fretwust fallen sofort ins Auge. Aber auch Saatmann, Permin, Konow, Segebarth und Kraeft kommen in modifizierter Schreibweise häufig vor. Nur ein paar Dutzend Namen füllen die alten Kirchenbücher der Gegend. Das hatte vor allem seinen Grund in der praktizierten Bodenpolitik. Besonders auf dem mecklenburgischen Fischland konnte jahrhundertlang kein Fremder Land erwerben. Der Lebensraum war aufgeteilt und niemand durfte neue Mieter aufnehmen. Ohne eigenes Haus durfte hier keiner wohnen. Deshalb heirateten die Familien oft untereinander. Bei der bescheidenen Einwohnerzahl kannte man natürlich jeden im Dorf und auch in den Nachbarorten. So verteilten sich die alten Familiennamen friedlich über die mecklenburgisch-preußische Landesgrenze. Dass sich auch die Anzahl der Vornamen in Grenzen hielt, verdeutlicht auch das Gedicht von Fritz Reuter:

Up Fischland is't en wohren Spaß,
Dor heiten s' altausamen »Klas«.
»Klas, segg mal, Klas«, so fröggt de Ein,
»Klas, hesst du minen Klas nich seihn?«
»Ja«, antwurt't denn de Anner, »Klas«,
Din Klas, de gung mit minen »Klas
Tausamen nah Klas Klasen sinen Klas.«

Deshalb unterschied man auch die Träger gleichen Namens nach ihren Wohnorten, und, wenn das nicht weiter half, fügte man die Lage des Hauses im Ort an. Noch heute geistern durch die Gespräche dem nicht Eingeweihten so unverständliche Bezeichnungen wie z. B. »Eck-Permien«.

Gelang es doch einmal einem Fremden, hier einzuheiraten, wurden seine Kinder nicht mit ihrem neuen Familiennamen gerufen, sondern sie waren die Kinder der einheimischen Frau »Sowieso«. Wir sehen, leicht haben es Fremde hier nie gehabt. Nun soll uns Frau Schuhmann, eine Zugezogene, Auskunft geben über das Haus, das hier schon seit etwa einhundertfünfzig Jahren steht?

Ein Kapitän hat hier gewohnt, weiß sie zu berichten. Deshalb haben die Stubendecken eine größere Höhe als in den anderen Katen hier. Und beim Einzug, hat sie ein altes Schiffsjournal gefunden. Auf der Veranda blättern wir in dem alten Journal, eine junge Katze spielt mit unseren Füßen. Das Schiffsjournal der »Bertha Bahlrühß« ist mit braunem Stoff bezogen, bräunlich gealtert sind auch die mit Tinte geschriebenen Eintragungen. Die Ecken hat wohl eine Maus angeknabbert. »So haben wir das Buch schon vorgefunden« – entschuldigt sich Frau Schuhmann. Wir versuchen, die Eintragungen von Kapitän F. Wilschky zu entziffern. Saubere, klare Formulierungen über wechselnde Windstärken ab dem 11. 2. 1885. Dann lesen wir weiter: *»Der Jungmann Franz Krause vergaß dermaßen die Disziplin zu dem Cpt., dass er ihn auf Schläge herausforderte.«*

Auf den Rändern der nächsten Seiten hat ein Kind versucht, die Schriftzüge nachzuahmen. Die gestochenen klare Handschrift wird auf den letzten Seiten fahriger, und ist von Anmerkungen und Nachträgen durchsetzt:

»5. Mai 1885, 8.00 Abends – Der Wind sprang mit starker Kraft auf Nord ein förmlicher Orkan. Fock war gerafft und St. B. Fock fest ebenso die beiden Untermarssegel, flogen jedoch nach kaum einer Viertel Stunde in die Luft. Hohe, kurze See von Südwest ... 8 1/2 schlug die Vorderluke ein ... Roof voll Wasser, einige Kojen schwimmen. 9 1/2. versuchten zu pumpen ... und fanden, dass schon gute 3 Fuß Wasser im Schiff waren. Beim Pumpen hat sich jeder festgebunden ... Gegen zehn Uhr brach in dem Orkan die Ruderpinne, wurde provisorisch befestigt.« Doch es kommt noch schlimmer: *»Kreuzende Blitze durchzuckten mehrere Male den ganzen Horizont, wobei ein Schlag erfolgte, der schien als ob das ganze Schiff in Feuer war. Der elektrische Funke lief längs der Kabelkette ... richtete jedoch keinen Schaden an, nur dass der Zimmermann, welcher am nächsten bei war, für einen Moment die Besinnung verlor. Schwarz war die Nacht und fortwährend schwerer Regen, abwechselnd Hagel. Die Wellen schlugen über dem Schiff ... Alle Mann an den Pumpen die ganze Nacht durch. Am Mor-*

37

Die wohlgestaltete Tür des Prerower »Eschenhauses« in der *Grünen Straße 8*, das für einige Jahre der Maler Theodor und Grafiker Schultze-Jasmer bewohnte.

Als die Mode der kunstvoll gestalteten Eingangstüren aufkam, konnte sich längst nicht alle eine aufwändig gearbeitete Füllungstür leisten. Doch die Katenbesitzer zu Anfang des 19. Jahrhunderts waren findig, denn mit einigen aufgesetzten Leisten und Ornamenten imitierten sie die reichen Vorbilder.

gen 8.00, wo sich die härteste Kraft des Windes schon gelegt hatte, waren noch 4 Fuß Wasser im Schiff. Es war ganz furchtbar ... Die Pumpen gingen fast fortwährend ... Um 10.00 Morgens am 6. 5. waren sämtliche Leute ermattet ... Das Wasser nahm trotz fortwährenden Pumpens mehr zu als ab. 3 Stunden Schlaf, dann 2 1/2 bis 3 Stunden alle Mann pumpen und 3 Stunden die betreffende Wache allein – war leicht einzusehen, dass es nicht lange mehr so gut zu machen sei ...«

Wenn es um das nackte Überleben ging, bedeutete das auch, dass Jungmann Franz Krause zusammen mit seinem Kapitän an den Pumpen stand. *»6. 5. Abends ... 5 Fuß 2 Zoll Wasser ... Die Aussicht war nicht nett. Zwar war ein Schiff in Sicht, doch weit entfernt. Ich munterte die Leute auf, so gut ich konnte. Ließ es an Speise und Trank nicht fehlen, denn ich hatte von allem hinlänglich an Bord. Es wurde schönes Wetter auch die See legte sich. Das Schiff lag fast still.«*

Das in der Ferne gesichtete Schiff konnte am 7. Mai über ruhiges Wasser näher kommen. Es war die Bark »Adelaide Baker of Barrow«, deren Kapitän Andrew S. Warner der Mannschaft aus den Häfen von Doboy und Swansea bekannt war. Kapitän Wilschky, verantwortlich für sein Schiff, die Mannschaft und auch für die Ladung, bat den befreundeten Kapitän neben seinem Schiff zu warten. Dieser willigte ein und wartete zwei Tage. Das war eine sehr großherzige Entscheidung, wenn man bedenkt, was zwei Tage Verzug für die eigenen Männer und die Ladung für Folgen haben konnten. Alle Seeleute aber verstanden, was es bedeutete, ein Schiff zu verlieren. Bis zum 9. Mai pumpten die Männer das eindringende Wasser aus dem Schiff. Am frühen Morgen des 9. Mai rief der Kapitän seine abgekämpften Leute zusammen: *»... bat sie auszuhalten, sie erklärten aber einstimmig, dass sie, wenn sie auch an Bord blieben, doch nur sehr wenig pumpen können. Das Ende hiervon würde nicht lange auf sich warten lassen, jetzt könnten wir doch noch unser Leben bergen ... Ich fragte sie dann, 'Ist nicht ein einziger der bei mir bleiben will? Doch alle außer Strm. (dem Steuermann) verneinten u. die es nicht taten, blieben still.«*

Der Kapitän ließ seine Männer, versehen mit Proviant, auf die »Adelaide« übersetzen. Er selbst blieb an Bord seines

Schiffes. Um 8. 00 Uhr die folgende Eintragung: *»Ich fand ck 8 Fuß Wasser im Schiff.«* Das war die Entscheidung. *»Man holte dann auch mich und den Hund ab und ich wurde von Captn. A. S. Warner freundlichst empfangen. Adelaides Boot wurde eingesetzt. Ich bat den Capt. doch noch einige Stunden zu warten, welches er auch tat. Inzwischen fuhr unser Boot ab und zu verschiedenes noch zu holen. Um 12. 00 waren 11 Fuß 8 Zoll Wasser in der Bertha Bahlrühs, es wurden Segel Gesetzt, liefen fort NNO Wind, sehr schönes klares Wetter. Die durch Beobachtung gefundene Breite war 37° 6' Nord und die Länge auf Chronometer 51° 20' West.«*

F. Wilschky Schiffer, Alb. Kraeft Steuerm.

Still ist es auf der Veranda im *Bliesenrader Weg 1* geworden. Nur das Katzenkind spielt weiter völlig unbeeindruckt mit unseren Füßen.

Zurückgekehrt ohne sein Schiff musste Kapitän F. Wilschky dem Reeder und wohl auch den Schiffseignern über den Verlust Rede und Antwort stehen. Noch schwerer war es sicher für ihn, durch das Dorf zu laufen, jeden Tag Mitgliedern seiner Mannschaft und deren Angehörigen zu begegnen, auch dem Jungmann Franz Krause. Am schlimmsten wird es für ihn gewesen sein, Morgens mit dem Hund das Haus zu verlassen und zum Meer zu gehen, das ihm sein Schiff genommen hatte.

Frau Schuhmann zeigt uns noch einen zweiten Schatz. Es ist Albert Wilschkys Geometriebuch. Peinlich sauber ist es geführt, wahrscheinlich wurde es auf einer Navigationsschule angelegt, vielleicht auf der Wustrower Seefahrtsschule. Der Lehrer hat seine Anmerkungen in blauer Schrift vorgenommen. Das stammt aus dem Jahr 1890. Die Männer der Familie Wilschky haben trotz des Unglücks nicht von der Seefahrt gelassen.

Zum Schluss redet Frau Schuhmann doch noch über ihre frühere Heimat: »Macht nichts, so haben wir ein wenig frisches Blut in diese Gegend gebracht, na ja.« Die alte Dame und ihr Haus in Wiek gehören zusammen, denn sie hütet und bewahrt schon seit vielen Jahren seinen Geist.

Der Entwurf für die Haustür in der *Grünen Straße 11* stammt ebenfalls von Schultze-Jasmer, der noch heute bei seinen Nachbarn unvergessen ist.

Die Fertigstellung der Eingangstür des Prerower Gemeindehauses war der Auslöser des Haustür »Booms« nicht nur auf dem Darß. Der im Giebel verwandte Anker ist nicht an eine Person gebunden, sondern eine Reverenz an den Ort, der mit der Seefahrt eng verbunden war.

Prerow

Das im Sommer geschäftige Dorf wird allgemein als der Ursprungsort der farbigen Darßer Haustüren angesehen. Dabei liegt der Ort nur z. T. auf dem Darß, der andere Teil schon auf dem Zingst.

Ursprünglich trennte der Prerowstrom, dem der Ort seinen Namen verdankt, die Siedlung. Immer schon waren die Obrigkeiten, ob Rügensche Fürsten, schwedische oder preußische Könige, daran interessiert, ihren bäuerlichen Untertanen des kargen Landstrichs, die See- und Binnenfischerei »höchstgnädiglich zu erlauben«. Sonst wäre in so manchem Jahr, wenn heftige Stürme und verheerende Fluten dem Acker- und Weideland ausgiebig zugesetzt hatten, der herrschaftliche Steuereintreiber mit leeren Händen zurückgekehrt.

Hartnäckig hält sich auch deshalb das Gerücht, die Bauern hätten im Frühjahr, wenn alles Heu verbraucht war, ihre Pferde mit Heringen solange gefüttert, bis die Weiden wieder Grünes hergaben.

So nimmt es nicht Wunder, dass die Einheimischen, die ihre Fischerboote selbst zu bauen gelernt hatten, mit dem Aufkommen der Handelschifffahrt sich als kluge und geschickte Segelschiffbauer erwiesen. Lieber noch als in einer der zahlreichen Werften das Handwerk des Schiffsbauers zu erlernen, gingen die männlichen Landeskinder dem Beruf auf See nach.

Sowohl vom mecklenburgischen Sprach- und Heimatforscher Richard Wossidlo als auch von der Schriftstellerin Käthe Miethe ist der Spruch überliefert: *»Ein Fischländer oder Darßer Junge wird im Religionsunterricht gefragt, was passierte, nachdem Kain den Abel erschlagen hatte. Antwort des Jungen: zuerst wurde er konfirmiert, dann ging er zur See.«*

Unvorstellbar fest verankert war in den Landeskindern der Wunsch, durch die Seefahrt eine einträgliche Existenz sichern zu können. Früh schon war ihre Kindheit zu Ende, und da zog schon einmal der Pastor die Konfirmation der Jungen im Frühjahr um einige Tage weiter nach vorn, wenn die Schifffahrtssaison früher begann. Dann zogen vierzehnjährige Jungen mit ihren Brüdern, Vätern und Onkeln zum ersten Mal nach Rostock oder Wismar, um eines der dort liegenden Schiffe zu besteigen. Gern nahmen die Schiffer vom Fischland, Darß und dem Zingst ihre Landsleute an Bord – denn wen man kannte, dem konnte man auch in der Enge des Schiffes auf den langen Fahrten besser vertrauen.

Wer den Beruf auf See heil und gesund überstanden hatte, konnte nicht nur als Schiffer oder Steuermann, sondern oft auch als einfacher Matrose vom Ersparten ein Haus erwerben und heiraten. Dann überließ man von Frühjahr bis zum Herbst die bäuerliche Wirtschaft der Ehefrau und fuhr weiterhin zur See. Und wenn der Tag kam, an dem man zu alt für die Große Fahrt war, konnte man auf dem Bodden mit einem Zeesboot Fischfang betreiben.

Von diesem Leben erzählen anschaulich die Exponate im Prerower »Darß-Museum«. An den Außenwänden des Hauses ist eine besondere Sammlung zu bewundern: Aufgereiht wie überdimensionale Schmetterlinge, versehen mit einem Etikett über Herkunft und Alter, hängen hier alte Haustüren. Ein wenig wie ausgerenkte Glieder erscheinen die Türen, durch die niemand mehr eintreten kann. Hilflos schauen sie auf die vielen Besucher herab, da ihnen, trotz sorgfältiger Beschriftung, die Sprache lebendiger Benutzer fehlt, um ihre Geschichte erzählen zu können.

Wir gehen in den Ort, um hier die noch intakten, mit Leben erfüllten Schwestern aufzusuchen. In der *Langen Straße* finden wir viele von ihnen. Eine fällt hier besonders ins Auge. Zusätzlich zum Oberlicht hat die zweiflügelige Tür Glaseinsätze, geschmückt mit schwungvoll geformten Ziersprossen im oberen Drittel ihrer Flügel. Die Sonnenovale im mittleren Drittel leuchten unter feingeschnittenen Festons hervor. Im unteren Drittel sind aufgehende Sonnen zu sehen, auf den Beschlägen genannten Rahmenverkleidungen entdecken wir Lyra und Sechsstern, überall Giebel, Rosetten, kleine Blüten. Die Farben sind nicht allzu bunt, in ihrer Gesamtkomposition erscheint die Tür angenehm ausgewogen, ein Meisterstück. Und genau das ist sie auch.

Die Tür ist das Werk des Prerower Tischlermeisters Hans-Jürgen Roloff, es ist die Tür seines Wohnhauses. Über die

Das Anwesen im Prerower *Schäfer-Ast-Weg 8* weist neben der Haustür noch drei bunte Türen auf.

Der Türentwurf der Tischlerei Roloff in der *Langestraße 30* in Prerow vereint Ornamente, die um 1880 als besonders modern galten: Neben den Rosetten, Halbsonnen, Blütensternchen und Giebeln fallen besonders die Festons in den Mittelfüllungen auf. Diese über den Sonnenovalen »aufgehängten« Tücher geben der Tür fast einen theatralischen Charakter.

danebenliegende Einfahrt gelangen wir zu seiner Kunsttischlerei, die sich an das Wohnhaus anschließt. Hier arbeitet auch sein Sohn René, und hier ist der »Geburtsort« vieler neuer Darßer Haustüren. Ein kleines, informatives Buch über die Darßer Türen, »Das kleine Buch der Darßer Haustüren« hat der junge Tischlermeister René Roloff mit dem Architekten und Professor für Historische Baukonstruktionen, Baugeschichte und Denkmalpflege an der Hochschule in Wismar, Frank Braun, auch schon geschrieben.

Auf der Holzbank vor der Werkstatt kommen wir mit Vater Hans-Jürgen Roloff ins Gespräch, und er erzählt uns von den Anfängen der Tischlerei. Um den Leser nicht zu verwirren, werden nun auch die Vornamen genannt, denn schließlich »grassiert« das Tischlerhandwerk in der Familie Roloff schon in der sechsten Generation. Das sind beinahe 170 Jahre Handwerkstradition in Prerow, in denen sich auch die Vornamen Franz bereits der Vater (* 1863, † 1940) und der Sohn (* 1904, † 1946) teilten, die im allgemeinen auch nach Senior und Junior unterschieden werden.

Am Anfang hatte die Tischlerei in der *Buchenstraße* ihr Domizil, später zog die Werkstatt in die *Schulstraße* um. 1870 baute dann Johann Roloff (* 1825, † 1897) das Haus in der *Langen Straße 30.*

Aus den Erzählungen von Franz Roloff Senior, der damals neun Jahre alt war, kennt Hans-Jürgen Roloff auch das Schicksal des Hauses in der Sturmflut von 1872. Als das Wasser kam, zog sich die Familie in die oberen Räume zurück. *»Schnell wurde noch das Schwein geschlachtet, aber dann war kein Salz mehr da, um das Fleisch einzupökeln. Das Wasser stieg bis zur Fensterbrüstung und spülte die Wände aus. Als der Großvater aus dem Fenster sah, trieb eine Jacht vorüber. Und als die größte Gefahr dann vorüber war, stellte man fest, dass die Kuh im Stall überlebt hatte. Alle Brunnen waren durch das Salzwasser verseucht, das erste Trinkwasser kam in Schiffen aus Stralsund.«* Tod, Schrecken und Zerstörung hatte die Flut über die Bewohner gebracht. Aus ganz Deutschland kamen Hilfslieferungen und die Küstenbewohner machten sich an den Wiederaufbau und verstärkt an den Deichbau zum Schutz ihrer Habe. Im Gefolge der Flut wurde der Prerowstrom endgültig verschlossen und der Darß und der Zingst durch einen breiten Damm miteinander verbunden.

1931 betrat der schon erwähnte Ahrenshooper Bürgermeister Heinrich Bierbaum die Roloffsche Tischlerei, und bestellte für sein neues Gemeindeamt eine Darßer Tür. Wie wir wissen, wurde sie bunt bemalt und damit zum eigentlichen Auslöser des Tür-Booms auf dem Fischland, dem Darß und dem Zingst.

Natürlich dienten auch schon vorher die Türen Repräsentationszwecken der Hausbewohner. Bescheiden wurden sie anfangs nur mit einem Oberlicht zur Beleuchtung des Flures versehen. Manchmal kamen kleine Seitenfenster hinzu. Auf Brettertüren nagelte man Leisten und Motive auf, um kompliziert gebaute Füllungstüren vorzutäuschen. Dann kamen in die oberen Drittel der Flügel Glaseinsätze, aber nur sehr sparsam, denn Glas in größeren Ausmaßen war damals noch schwer herzustellen und deshalb auch teuer.

Den »Darßer Türboom« zu Anfang der 30er Jahre des 20. Jahrhunderts nutzten jedoch auch viele, um sich selbst darzustellen. Zum einen machten die neu entstandenen Pensionen in den Bäderorten mit einer besonders gefertigten Eingangstür Reklame für ihr Haus. Zum anderen beteiligte und beteiligt sich noch heute mancher Hausbesitzer mit mehr oder weniger großem Geschick an diesem Dialog der Türen.

1946 verstarb Franz Roloff junior in Kriegsgefangenschaft. Sein Sohn, Hans-Jürgen (* 1935), erlernte das Tischlerhandwerk beim Pächter der väterlichen Werkstatt. 1963 legte er die Meisterprüfung ab und bekam dann 1965 die Werkstatt vom Staat zugeteilt – ausdrücklich für Reparaturarbeiten –, wie es damals hieß. Das waren keine einfachen Jahre für die Werkstatt, und auch keine einfachen Jahre für das Haus.

Nach dem Zweiten Weltkrieg war die ursprüngliche Haustür verrottet. An ihrer Stelle wurde eine moderne Tür eingebaut, doch schon 1965 ersetzte sie der Meister Hans-Jürgen Roloff durch die Kopie der alten Tür, die wir heute immer noch bewundern können.

26

Im Doppelhaus in der *Grünen Straße 16/18* in Prerow liegen Rekonstruiertes und in Würde Verwittertes eng beieinander. Wer will über den Liebreiz der beiden Varianten richten?

Unübersehbar gibt der Anker im Oberlicht des Eingangs Auskunft über den Status des Erbauers des Schifferhauses in der *Buchenstraße 26* in Prerow.

Nur bei den Fenstern im Haus beging er nach eigenen Worten eine »große Dummheit«, denn er riss die alten Sprossenfenster heraus und setzte »neumodische« Fenster ohne Sprossen ein. Durch die Arbeit im Reparaturbetrieb aber bekam er, wie er immer wieder betont, ein besonderes Auge und Gefühl für die alten Dinge.

Die Fischland-Fenster haben seiner Meinung nach eine ideale Form. Sie sind nicht nur in ihrer Ästhetik schön in die Haus-Fassaden eingepasst, sondern auch überaus zweckmäßig. Ein Fenster in dieser windigen Gegend muss sich nach außen öffnen lassen, denn ein starker Wind drückt es einfach zu, während die nach innen öffnenden Fenster stets Zugluft verursachen. Auch die modernen Plastfenster sind dem Tischlermeister Roloff nicht geheuer, weil man bei ihnen nicht einmal den kleinsten Schaden ausbessern kann. Es tut immer wieder gut, einem erfahrenen Handwerksmeister zuzuhören.

Natürlich vertreten die Mitglieder der Roloffschen Tischler-Dynastie den Standpunkt, dass die schönen Haustüren nur von einem Tischler gefertigt werden können, und sie verweisen auch auf die verschiedenen Werkzeuge, die zum Bau einer Tür nötig sind und die dem Seemann an Bord nicht zur Verfügung standen.

Einmal, so erzählt Hans-Jürgen Roloff weiter, hatten sie in der Werkstatt eine Wustrower Haustür zur Reparatur. Die war viel zu groß für die Werkstatt, und sie hatten Mühe, die Tür in die Werkstatt zu bugsieren. *»Die muss wohl in Ribnitz gebaut worden sein«*, meinte er.

Während wir uns verabschieden, fällt unser Blick auf zwei an der Schuppenwand angelehnte Türen, die der Sohn René auf dem Sperrmüll gefunden hatte. *»Bei Roloffs wird nichts weggeworfen«*, entgegnet der Meister freundlich.

Bewundernd unterbrechen wir unseren Spaziergang durch die *Buchenstraße*, in der sich so manche Türschönheit zeigt, und verhalten unseren Schritt vor dem Haus Nr. 26.

Über den stilisierten Lebensbäumen im unteren Feld strahlen in der Mitte wieder einmal die ovalen Sonnen, um derentwillen man diese Türen auch »Sonnentüren« nennt. Die Sonne ist nicht nur ein Symbol des Lebens sondern wohl auch deshalb so beliebt, weil sie in der Navigation der Segelschiffer eine wichtige Rolle spielte. Im Oberlicht der farbigen Tür leuchtet glühend rot ein Anker. Der Anker gilt gewöhnlich als Zeichen eines Schifferhauses. Wer waren die Bewohner dieses Hauses, und wie erging es ihnen, als die Zeiten der Segelschifffahrt endeten?

Gegen Ende der 80er Jahre des 19. Jahrhunderts war es langsam vorbei mit der Herrlichkeit der großen Segelschiffe. Bis dahin konnte man mit dem Warentransport auf den stolzen Seglern noch ein Vermögen erwerben. So mancher Schiffer nannte eine Brigg sein eigen, und war unabhängig vom Korrespondentreeder, den er nur für den Frachtabschluss benötigte. Vor allem mit dem Gefahrguttransport, Petroleum in Fässern, Sprengstoff oder Salpeter aus dem fernen Chile, ließ sich Gewinn erzielen. Wenn die Ladung glücklich den Zielhafen erreichte, denn keine Versicherung nahm den Schiffern das Risiko ab ...

Der Konkurrenzkampf auf den Weltmeeren wurde größer, als nach der Erfindung der Telegraphie ein Wettrennen um die Frachten einsetzte. Die persönliche Bekanntschaft zählte nicht mehr so viel wie die schnelle Information. Und dann setzte auch noch kohledampfend eine neuer, grausamer Konkurrent seinen unaufhaltsamen Siegeszug fort – das Eisenschiff. Diese Schiffe waren größer, schneller, effizien-

Moderne, traditionsbewusste Nachbauten halten sich in der Gestaltung, den Maßen und den Ornamenten ihrer Türen an erprobte Überlieferungen.

Die einfache, strenge Kastentür in der *Grünen Straße 47* in Prerow erhellt den Hausflur nicht. Den Einfall von Tageslicht ermöglicht nur das in die Tür eingezogene Oberlicht.

ter. Solch ein Schiff zu kaufen, das konnten sich die alten Seefahrerfamilien auf dem Fischland, dem Darß und dem Zingst nicht mehr leisten. Was also sollten sie tun?

Eine Alternative war das Auswandern nach Amerika, die nächste das Anheuern auf den Schiffen der englischen Handelsflotte. Die Seefahrer vom Fischland, Darß und dem Zingst waren in der Welt der Seefahrer gut beleumdet, und so hatte plötzlich eine schottische, oder auch englische Reederei ihre Schiffe unter deutscher Besatzung! Doch die meisten hatten in der Heimat nicht nur Frau und Kinder, sondern auch ein Haus und eine Bauernwirtschaft. Selbst ein Tischlermeister hielt sich eine Kuh und ein Schwein. Eine neue Geldquelle musste erschlossen werden. Und die bot sich im aufkommenden Bäderwesen an.

Wanda Ahrens gibt im Buch »Vom Fischland in die Welt« davon Kenntnis: *»Unser Haus wurde 1833 von einem Kapitän Kraeft erbaut. Kurz vor der Jahrhundertwende zog mein Vater, Kapitän Theodor Voß, hier ein. 1912 musterte er bei der Hamburg-Amerika-Linie ab, um sich zur wohlverdienten Ruhe zu setzen. Im gleichen Jahre heiratete ich den I. Offizier Max Ahrens aus Prerow. Auf mehreren Reisen begleitete ich meinen Mann. Das Haus in der Prerower Buchenstraße besaß zwei Veranden sowie sechs Zimmer. In den Stallungen hielten wir zwei Kühe und zwei Schweine sowie viele Hühner. Unsere recht begüterte Familie begann bereits um 1900 mit dem Vermieten des Hauses. Meine Mutter führte einen Mittagstisch, bisweilen für 15 Personen. Sie war der Meinung: Was du hier verdienst, das braucht dein Mann nicht von See zu holen.«*

Somit teilte das Haus in der *Buchenstraße 26* das Schicksal vieler Prerower Häuser. In den Matrosenkaten wie in den Schifferhäusern wurden zuerst die Guten Stuben für die Sommergäste geräumt. Diese oft auch »kalte Pracht« genannten Räume wurden nur an Feiertagen oder für größere Zusammenkünfte, wie etwa das gemeinsame Schneidern, genutzt. Reichte der Platz in den Stuben nicht mehr aus, wurden weitere Sommerquartiere unter den Dächern der Häuser, auch so genannte »Frontspieße« ausgebaut. Dann folgten abenteuerliche Anbauten, schließlich kamen ausgebaute Schuppen und Viehställe hinzu.

Da neue Bademöglichkeiten erschlossen und neue Konditoreien und Gaststätten gebaut wurden, kam wieder Geld in die bis dahin leeren Gemeindekassen. Und so ließ der zum Kapitän ausgebildete Max Ahrens zu Beginn des 20. Jahrhunderts seine alte, bis dahin farblos mit Öl überzogene Haustür bunt anmalen oder tat dieses auch eigenhändig.

Vor dieser noch heute bunten Haustür treffen wir einen Mann, der uns seine Variante zum ewigen Dauerstreit um die von Seeleuten früher selbst angefertigten Türen liefert: Nach seiner Überzeugung hatte der frischgebackene Kapitän erst an Bord den Anker für die Haustür zu schnitzen, bevor er heiraten und ein eigenes Haus bauen konnte. Vielleicht liegt hier ein Kompromiss für diesen bis heute andauernden Streit?

Vielleicht überließen die Seeleute die großformatigen Arbeiten den Tischlern an Land und schnitzten auf See nur die Zierelemente für ihre Türen und Bänke? Die Wahrheit wird wohl nicht mehr aufzuspüren sein ...

Im Haus in der *Buchenstraße 26*, 1834 vom Brigg-Schiffer Richard Kraeft gebaut, ist eine Töpferei untergebracht, die an die zahlreichen Feriengäste als Andenken an den Urlaub – Prerower Keramiktüren verkauft.

Unser nächstes Ziel ist die *Grüne Straße 8*. Von einem alten, hohen Baum wird das »Eschenhaus« bewacht. Es gilt als eines der ältesten Häuser Prerows, die Jahreszahl, 1779, weist darauf hin. Die Tür sitzt nicht genau in der Mitte, was der Fassade eine eigentumliche Sympathie gibt. Welchen Stürmen mag das Haus getrotzt, welche Umbauten überstanden, welche Bewohner beherbergt haben?

Eine gewisse Pfiffigkeit bei der Beschaffung von Baumaterialien kann man den Prerowern gewiss nachsagen. Einiges lieferte das Meer. Es wusch an der Küste die großen Findlinge aus, die sehr oft als Ecksteine verwendet wurden. Auf ihnen ist so manches Haus gegründet. Aber auch weitere Geschenke hielt die See bereit: So strandete 1910 auf der Prerow-Bank die finnische Bark »Aadelar«. Das Schiff zerschellte und seine Ladung aus Bauholz wurde an Land gespült. Die Holzstämme waren ideales Bauholz. Die Einwohner nahmen ihre »Strandgerechtigkeit« in Anspruch.

Die bereits durch die Bauweise stark gegliederte Tür der Zingster »Pommernstube« erhält durch die gewählte Farbgebung noch mehr Struktur – die besondere Aufmerksamkeit vorübergehender Besucher ist dadurch stets garantiert.

In vornehm, elegantem Weiß präsentiert sich die Tür des Nachbarhauses der Zingster »Pommernstube« – der Eingang des Heimatmuseums. Im Dachausbau, dem so genannten »Frontspieß«, prangt noch einer der Hausnamen, die die wechselnden Besitzer dem alten Schifferhaus gaben.

Das bedeutete, dass herrenlos angespültes Strandgut dem gehörte, der es fand. Da die Prerower dieses Recht durchaus großzügig auslegten, wird wohl so manches Haus aus dieser finnischen Holzladung gebaut worden sein.

Generell ging man aber auch pragmatisch beim Bauen vor. So beschreibt Gustav Berg 1934 in seiner »Chronik des Darßes und des Zingstes« eine weiteres Beispiel für die Materialbeschaffung der Prerower: *»Vor einigen Jahrzehnten erhielt der Kirchhof dadurch einen ehrwürdigen Schmuck, dass man die am besten erhaltenen steinernen Grabdenkmäler ehemaliger Darßer und Zingster Schiffer rund um das Gotteshaus aufstellte. Früher benutzte man sie, wenn sie ausgedient hatten, als Steinplatten für die Einfahrt oder zu Eingangsstufen der Kirche und im Dorf.«*

Wer hat das Recht, die heutigen Eingangsstufen der Häuser auf ihren Ursprung hin zu kontrollieren?

Von 1921 bis 1975 bewohnte das »Eschenhaus« in der *Grünen Straße 8* der Maler und Grafiker Theodor Schultze-Jasmer, und das Haus war zugleich auch Atelier und Objekt seiner künstlerischen Arbeit. Doch im Gegensatz zu seinen Ahrenshooper Kollegen, mit denen er durchaus freundschaftlich verkehrte, trachtete er nicht danach, das Vorgefundene über Gebühr nach eigenen Bedürfnissen umzugestalten. So beließ er die vordere Fassade des uralten Fischerhäuschens, und lediglich an der Gartenseite, die von der Straße nicht einsehbar ist, ließ er große Atelierfenster einbauen. Eines seiner Pastelle, »Das Eschenhaus vom Garten aus« gibt einen Eindruck vom Blick des Malers auf seinen Arbeitsort. Dabei war Schultze-Jasmer durchaus ein Anhänger der weit verbreiteten Freiluftmalerei. Die alten Katen, das Moor, die Fischer mit ihren Netzen und immer wieder der Darßer Wald mit seinen Windflüchtern hatten es ihm dabei angetan. Doch die Radierungen und Farbholzschnitte konnte der Künstler nicht unter freiem Himmel herstellen, sie entstanden ausschließlich im Atelier.

Anders als viele seiner damaligen Kollegen okkupierte er seine Wahlheimat nicht, sondern versuchte, sich ihr mit großer Behutsamkeit zu nähern. So pachtete er 1929 das ehemalige Warmbad am Prerower Nordstrand und richtete dort die »Darßer Kunsthütte« ein, die über sechzig Jahre bestand. Hier versuchte er, den zahlreichen Besuchern, seine Gebrauchskunst als anspruchsvollere Andenken an seinen geliebten Darß näher zu bringen.

Bekannt und beliebt waren stets seine Vortragsabende über das Fischland, den Darß und den Zingst. Neben Kunstpostkarten konnten die Besucher in der Kunsthütte auch handgeschnitztes, »Darßer Spielzeug« erwerben. Theodor Schultze-Jasmer beschrieb diese Seite seines Werkes wie folgt: » *... Bei allen Spielzeugen die, wie gesagt, in weiterem Sinne Spielzeuge sind, weil ja der Erwachsene gerade bei den Tieren vielfach der Käufer ist, habe ich versucht, aus bodenständigem Material, also hier Holz, in eigener Werkstatt und mit eigener Hand kleine lustige Dinge, die man nicht kauft, hinstellt und dann vergisst, sondern gerade bei den Tieren kleine lebendige, dauernd verwandlungsfähige Geschöpfe zu schaffen, die von ihren lebenden Vorbildern die hauptsächlichsten Lebensäußerungen übernommen haben. Ich glaube auch mit der technischen Herstellung an volkskünstlerische Vorläufer anzuknüpfen, weil ich als Maler, der ich ja bin, zunächst die Form schaffe, aber handwerklich als Bastler mir die Herstellung erst durch vieles Probieren so ausknobeln muss, dass auf der einen Seite die Dinge keine toten Massenartikel werden, auf der anderen Seite aber ein im Verkauf gut absetzbarer, wirklich handgearbeiteter Gegenstand entsteht. Denn Volkskunst ist ja immer ein Erzeugnis aus Formenkönnen und mit einfachen Mitteln Basteln. Da ich jedes Stück viele Male in den einzelnen Arbeitsgängen in die Hand nehmen muss, bekommt jedes Stück auch eine persönliche Note.*«

Hoffentlich haben viele Darßer Kauzchen und Prerower Kätzchen bei ihren Käufern einen Ehrenplatz erhalten.

Ein wenig unbeholfen, fast naiv, wirken die Motive auf der Tur des »Eschenhauses«. Im unteren Feld drangt sich eine Tulpe nach oben, das Mittelfeld ist gefüllt mit einer Vase, aus der weitere rundliche Tulpen ragen, eine gezackte aufgehende Sonne leuchtet im Oberfeld

Über dem Türsims, fast schon vom Pony des Rohrdachs verdeckt, befindet sich ein kleiner Sonnenfächer. Die Farbgestaltung pendelt raffiniert zwischen kräftig und zart.

Wer den Giebel des Hauses in der Zingster *Störtebekerstraße 4* erblickt, nähert sich einem stillen Paradies.

Die Ansicht dieses Eingangs von der *Störtebekerstraße* aus ist einen Spaziergang durch Zingst wert. Im Wechsel der Jahreszeiten entsteht durch das Farbenmeer und die Blütenpracht im Gartes immer wieder ein neues Bild.

Dunkles Meerblau bildet den Rahmen. Die Grundierung der Füllungen schimmert durchsichtig hellblau. Warm leuchten darauf die Motive. Das ganze Haus strahlt eine große Ruhe aus. Nur kurz verirren sich am Sommernachmittag Lichtstrahlen auf der Tür, und es scheint, dass im Spiel der Sonnenflecken die Tulpen dann aufblühen. Bei Sonnenuntergang verdunkeln sie sich wieder.

In die Tür des Hauses *Grüne Straße 11* ist der Name des Hauses eingeschnitten. Es ist das Haus »Gretchen«. Die Hausherrin, Frau Wernitz besitzt noch eine Expertise, die bezeugt, dass Theodor Schultze-Jasmer auch diese Tür farblich gestaltet hat. Jedes Mal, wenn die Tür neu gestrichen werden muss, erfolgt dies nach den strengen Auflagen des Denkmalschutzes. Wir dürfen näher treten und sehen das Geheimnis des Künstlers. Die Farben sind dünn, fast lasierend aufgetragen, so dass das Holz noch gerade so durchschimmert. So dünn trugen schon die Alten ihre vom Schiffbau mitgebrachten Farben auf. Hierin mag auch ein Grund für das warme Leuchten der Türen des freundlichen Nachbarn Schultze-Jasmer liegen ...

Der Weg führt uns zurück in die *Lange Straße*. Etwas verdutzt schauen wir auf die Tür des Hauses Nr. 49. Sie ist in frischen Weiß- und Blautönen gestrichen, ebenso die Fassade. Die Ornamentik ist sparsam und ungewöhnlich, nur kleine Rosetten blitzen blau im weißen Feld. Im Garten an der Hausseite erzählen die heutigen Besitzer die ungewöhnliche Geschichte des Hauses. 1977 kaufte ein Puppenspieler den Katen. »Kaspermatzi« lautet sein Künstlername. Er spielte mit seinen Puppen in der ganzen Umgebung und versuchte, auch in der sozialistischen Mangelwirtschaft, den winzigkleinen Katen mit damals verfügbaren, bescheidenen Mitteln zu sanieren. Da er keine alte Haustür erwerben konnte, baute er selber eine Tür, und zwar nahm er dafür eine alte Innentür. Auch der Seiteneingang erhielt so eine Tür. Irgendwie besorgte er sich Rosetten und Blüten, vielleicht sind diese auch neu angefertigt worden oder von alten Stücken abgeschraubt. Diese setzte »Kaspermatzi« auf die Haustüren auf, auch ein altes Türschloss, das er gefunden hatte, fand seine passende Verwendung. Der Mann wusste sich zu helfen! Die feingliedrigen Sprossenfenster bekamen ebenfalls etwas von der blauen Farbe ab – und fertig war »Kaspermatzis« Haus. Die heutigen Besitzer erwarben das Haus 1995 und sind sehr sorgfältig beim Rekonstruieren.

Wir dürfen eintreten, um die niedrigen Decken und die innen gegengesetzten Doppelfenster zu bestaunen. Die alten Fenster sind zwar schön, doch wer möchte heutzutage schon in winterlicher Kälte leben? So bleibt wenigstens die Fassade in ihrem Ausdruck gewahrt.

Ungeklärt ist das Schicksal der zur Außentür umfunktionierten Innentür, denn sie kann ihre Aufgabe nur noch mangelhaft erfüllen. Im unteren Bereich hat ihr die Nässe bereits schwer zugesetzt.

Der »Kaspermatzi« ist aus Prerow fortgezogen, hat auf Bornholm ein neues Haus erworben. Dort arbeitet er als Kunstschmied und Puppenspieler. Die Besitzer der Haustür werden in absehbarer Zukunft eine Entscheidung über seine Hinterlassenschaft treffen müssen ...

Das »Schäfer-Ast-Haus« steht im *Schäfer-Ast-Weg 8*. Seinen Namen hat es erhalten, weil hier der Weimarer Professor, Albert Schäfer-Ast, ein bekannter Zeichner und Grafiker sein Sommerquartier nahm.

1968 wurde das Haus rekonstruiert und eine traditionelle Motivtür neu eingesetzt. Das genügte dem Sohn der heutigen Besitzerin nicht, er entdeckte seine Leidenschaft für das Anfertigen neuer Türen. Zwei weitere Holztüren zieren das Anwesen, wenn man nicht als vierte Tür, die mit Motiven bemalte Schuppentür dazurechnet.

Tatsächlich – und das wird deutlich, gibt es in Prerow wirklich und wahrhaftig die meisten bunten Türen auf dem Darß!

Vom Frühjahr bis zum Herbst versteckt sich manche Schönheit hinter den dichten Hecken.

Ein seltener Anblick – ein alter Türdrücker als Willkommensgruß.

Zingst

»So lief im Jahre 1968 ein Verkehr vom Festland über die Meiningen-Brücke durch unseren Ort und wieder zurück, wie wir ihn uns nie hätten träumen lassen: Seesand für den Strand, Lehm für den Deichbau, flüssiges Bitumen für den Straßenbau, Großblocksteile für den Hausbau, Nutzholz aus unseren Wäldern zur Verarbeitung und die vielen Personenkraftwagen mit Tagesgästen, dazu der Zubringerverkehr an Urlaubern und Versorgungsgütern.« Mit diesen Worten beschrieb Edith Grählert in ihrer »Chronik vom Zingst« eine der prägendsten Bauperioden der Halbinsel.

Eigentlich war der Zingst jahrhundertelang eine eigenständige Insel, bewohnt von Bauern, deren Nebenverdienst in der Waldarbeit und der Torfstecherei lag. Die Bewohner der Siedlungen Hanshagen, Rothenhaus und Pa(h)len, aus denen sich der spätere Ort Zingst zusammensetzte, mussten ihr Glück in der Fischerei suchen. Denn die die Dörfer umgebenden Wiesen waren wie kaum andere den Unbilden der Natur ausgesetzt. Hereinbrechendes Ostseewasser hinterließ Salz, die kräftigen Herbst- und Frühjahrsstürme bedeckten sie mit Dünensand, der Boden gab nur sehr zögerlich seine kümmerlichen Früchte her. Glaubt man der Chronik, so gab es hier jahrhundertlang keine Maulwürfe, denn die wären in den nassen Wiesen alle schon samt ertrunken.

Da versteht es sich von selbst, dass die Zingster einen besonders regen Anteil an der aufkommenden Segelschifffahrt nahmen. Doch auf deren Glanz und Blüte folgte ein schnelles Verwelken: 1893 zählte Zingst noch insgesamt 1 674 Einwohner, im Jahr 1912 waren es nur noch 1 272. Die, die den Ort verließen, suchten als Seemänner nicht selten ein Auskommen in Hamburg oder auch in Amerika. Die Zurückgebliebenen bemühten sich, mit dem einsetzenden Seebäder-Boom ein wenig Geld zu erwerben.

Schon vor dem Zweiten Weltkrieg gab es hier einen Gruppentourismus, danach setzte jedoch eine regelrechte Beschlagnahmung des Ortes ein. Jeder Betrieb in der DDR, der auf sich hielt und es sich finanziell leisten konnte, baute ein Ferienheim, notfalls geradewegs in den Sand, um den

Mitarbeitern einen erholsamen Ostsee-Urlaub zu ermöglichen. Ob sich im Ort überhaupt noch etwas von der alten und traditionellen Bauweise gehalten hat?

Gleich neben dem *Kunstkaten*, der den auffordernden Namen »Kieken un köpen« trägt, entdecken wir ein altes Schifferhaus. Es hat sich zwar nicht mit einem neuen Fassadenanstrich bekleckert, doch die Pfiffigkeit seiner Besitzer ist dem Haus ins Gesicht geschrieben: Die alten Fensterläden sind kunstvoll bemalt, dass sie den Eindruck erwecken, in Kassetten gearbeitet zu sein. Unser Blick schweift weiter – und um ein sorgfältig gestutztes immergrünes Bäumchen herum – bleibt an der Tür haften: Sie ist eine holzgeschnitzte Motivtür in traditioneller Farbigkeit. Das schönste Detail, hoffentlich auch der Stolz der Besitzer, ist eine wunderschön geformte Türklinke. In der späten Nachmittagssonne glänzt messingfarben leuchtend – ein frecher Fisch!

In uns keimt Hoffnung auf, noch weitere, unverbaute Zeitzeugnisse zu finden. Über *Nehmzows Gang*, in dem die Häuser hinter hohen Hecken buckeln, kommen wir in die *Störtebekerstraße*. Vor uns liegt grau angelaufen, verriegelt und verrammelt, das frühere FDGB-Erholungsheim »Claus Störtebeker«. Dieser Dinosaurier ist eine der Erbschaften der regen sozialistischen Bautätigkeit. Ganz leise kommt in uns der Wunsch hoch, eines Nachts möge dieses Rudiment sozialistischer Planwirtschaft aufwachen und davonfliegen, weit weg …

Weiter durch die *Störtebekerstraße* gehend, wandert unser Blick durch eine Hecke auf das Haus Nr. 4., und es ist der Blick in das Paradies. Durch das laubgefilterte Licht erscheint die Besitzerin, Frau von Wedelstädt. Ihr Erscheinen ist im wahrsten Sinne des Wortes auch so gemeint: Aus einem Blütenmeer orangeleuchtender Tagetes, dunkelrosafarbiger Hortensien, zwischen gelben Birnen und grasgrünen Äpfeln, im Hintergrund ein blaues Haus, den Garteneimer in der Hand, taucht eine grauhaarige Dame bekleidet mit einer Arbeitsjacke auf, um Auskunft zu geben.

Ihre Eltern erwarben das Haus als Sommersitz. Weit davor soll es das Wohnhaus einer kinderreichen Familie gewesen sein, »wovon praktisch die Hälfte an Tuberkulose gestorben ist.« Feuchtigkeit und mangelhaft heizende Öfen waren einst die größten Probleme der Hausbewohner.

Die Tür ist nach einem eigenen Entwurf 1934 gefertigt. Frau von Wedelstädt hatte das Prerower Gemeindeamt gesehen und war begeistert. Außerdem bewunderte sie das Prerower Anwesen eines bekannten Regisseurs, der einige blitzblau gestrichene Häuser damals sein eigen nannte. Obwohl die Zingster »einige so vornehme« Haustüren hatten, beschloss die Familie, das Sommerhäuschen in strahlendes Blau zu tauchen und die Tür nach eigenem Geschmack, zwar etwas variiert zum berühmten Vorbild, zu gestalten. Bei der Anfertigung der Schnitzereien half ein Tischler aus Bliesenrade, selbst ein früherer Seemann.

Zunächst als Sommersitz gedacht, bot das Haus in den Kriegsjahren für Frau von Wedelstädt, ihre Schwester und deren Kinder eine Zuflucht. Nach dem Kriege musste sich die junge Frau ihr Studium selbst finanzieren. Sie entwarf Spielzeug und bastelte Puppenstuben. Vor kurzem gab es eine Ausstellung ihrer Puppenstuben im Museum. Eigentlich braucht sie das nicht zu betonen, denn wie selbstverständlich kann auch eine Zahnärztin Puppenstuben bauen, die sich nicht nur zum Verkauf eignen, sondern auch für eine Ausstellung würdig sind. Zumal an den sonnengelben Fensterläden auch die Zeichen ihrer Spielzeugliebe hängen – hölzerne, bemalte Märchenfiguren, die gewöhnlich früher überall in den Kinderzimmern zu finden waren.

Schließlich musste das Haus erneuert werden. Ein erfahrener Handwerksmeister kam und bog mit seinen Gesellen die Balken gerade. Diese Prozedur erfolgte nach Gehör, und nach dem Knacken des sich biegenden Balkens stellte der Meister seine Diagnose für die weitere Behandlung: genug gebogen oder nicht? Noch heute, wenn die ehemalige Zahnärztin dieses berichtet, verspürt man die Spannung, die diese Methode bei den damals Anwesenden erzeugte …

Auch auf ihren Sohn hat ihre Gestaltungslust abgefärbt. Für sein Zingster Haus hat dieser gleichfalls seine ganz persönliche Haustür entworfen. Über und neben der grauhaarigen Dame hängen grüne Äpfel, eine alte und heute seltene Sorte, die Äste des Baumes sind sorgsam abgestützt. Auch das Schicksal des Birnbaumes auf der anderen Gartenseite nimmt Frau von Wedelstädt sehr ernst. Schließlich hat hier ihr Vater noch Reiser pfropfen lassen, die von Bäumen aus seinem vormaligen Garten stammten. Es versteht sich, dass auch die Birnen gut munden. Durch ein schimmerndes Blumenmeer entfernt sich die Herrscherin über das kleine Paradies, um ihre Gartenarbeit wieder aufzunehmen. Auch wir gehen weiter, denn wir haben noch zwei weitere, besonders schön gestaltete Türen gefunden, die ein gutnachbarschaftliches Verhältnis führen.

Reichlich unternehmungslustig blitzt uns die einfach gebaute Kassettentür des rechten Hauses an. Sie hat sich einen Anstrich in werbewirksamen Blau- und Grüntönen zugelegt, der zum Betreten des Hauses verleiten soll. Wir gelangen in das ehemalige Schifferhaus, die heutige »Pommernstube«, die sich der Pflege des traditionellen Handwerks verschrieben hat. Ein Webstuhl steht in der Werkstatt – und Zugucken der Besucher ist ausdrücklich erlaubt. Im gegenüberliegenden Raum warten in Regalen säuberlich geordnet Keramiken, Strickpullover und Webarbeiten auf ihre Käufer. An einem großen Tisch kann man sich in Tonarbeiten ausprobieren. Von einer freundlichen Helferin, die nebenbei einem Kind erklärt, wie es ein Tonmäuschen formen kann, erfahren wir etwas über das Vorleben des Hauses. Als Schifferhaus gebaut, nahm es zunächst seine übliche Entwicklung im Badeort, denn es mauserte sich zum Landhaus »Bach«, einer Pension.

Beim letzten Umbau zur »Pommernstube« wurden noch Lehmwände gefunden. Vorsorglich erkundigte man sich nebenan im Museum, welche traditionellen Farben man für die Eingangstür zur neuen Schauwerkstatt verwenden könnte. Die Mitarbeiter rieten zu Blau- und Grüntönen, und an diesen Rat hat man sich gehalten. Nur – dass die Farbtöne früher etwas gedeckter waren, störte die Werbewirksamkeit. Und so blickt der Eingang jetzt etwas kampfeslustig auf die Straße – wer weiß schon, wozu es gut ist.

Elegant und reinweiß begrüßt uns die Tür des Nachbarhauses, das schon erwähnte Zingster Heimatmuseum. Die Haustür scheint sich der Schönheit ihres Oberlichtes voll-

kommen bewusst zu sein, aber wohl noch mehr der heutigen Bedeutung des Hauses. Den früheren Besitzer, einen wohlhabenden Schiffer, dürfte es freuen, dass einige seiner Hinterlassenschaften sorgfältig in diesem Gemäuer gehütet werden.

Hinter der Tür beginnt das Reich von Herrn Tandel. Nicht, dass ihm das Museum gehörte, nein – er hütet es wie ein Wächter und nutzt es wie ein Schatzgräber. Mit erstaunlicher Schnelligkeit hat er eine alte Quelle herausgesucht, nach der das Schifferhaus früher das Landhaus »Wilson« war, eine Pension, mit vier Zimmern und sieben Betten. Dann kommen wir in den Genuss einer Führung durch sein Reich. Dabei muss der Besucher Prüfungen bestehen, kann in Gedanken mitmachen bei der Eisherstellung in einer urtümlichen Eismaschine, darf mitreisen auf See oder mitwohnen im Haus. Zwischendurch immer einmal die Frage, ob denn die Besucher noch Zeit hätten?, und darauf die Antwort »Ja!, natürlich!«

Groß und vielgestaltig ist das Museumsreich. Da gibt es Seemannsmitbringsel, wie eine fein bearbeitete Kokosnuss mit einem Gesicht, mit einer Mundöffnung, auf einem Ständer. Auf langer Fahrt bei ruhigem Wetter soll sie geschnitzt worden sein, das Oberteil lässt sich aufklappen, eine Garnrolle einlegen und den Faden aus dem Mund heraushängen lassen. Ist diese Schnitzarbeit wieder ein Beweis für die These derjenigen, die steif und fest behaupten, die Seeleute hätten zumindest teilweise das Schnitzwerk ihrer Türen selbst gefertigt? Für die berühmtesten Zingster gibt es hier besondere Stuben, z. B. für die in Zingst begrabene Heimatdichterin Martha Müller-Grählert und für den populären Zeichner, Maler und Karikaturisten Kurt Klamann.

In der Küche gibt es ein längeres Verweilen. Dabei wird deutlich, wie zweckmäßig bis hin zur Anordnung der Fenster die Häuser gebaut wurden. Das Küchenfenster zum Wirtschaftshof war eine lebensnotwendige Einrichtung. Nicht nur zur Beobachtung der Kinder und des Federviehs, sondern auch für die Kommunikation mit dem Ehegatten war es geeignet. Weilte dieser im Winter nicht auf See, sondern war zu Hause, pflegte er sein Tagwerk mit morgendlichem Holzhacken auf dem Hofe zu beginnen. Hob er irgendwann einmal die Hand, und streckte fünf Finger in die Luft – »der Pommer ist ein schweigsamer Mann«, verkündet Herr Tandel, bedeutete diese Geste der Hausfrau, dass sie in der Küche einen »Zahn zulegen« sollte, d. h. den Wasserkessel über dem Herd einen Zahn tiefer zu hängen. Mit der Gebärdensprache bedeutete nämlich ihr Gatte, dass er in fünf Minuten mit seiner Arbeit fertig sei und pünktlich seinen frisch gebrühten Kaffee erwartete. Somit waren die Häuser hinter diesen Türen ganz auf die Bedürfnisse ihrer Bewohner eingerichtet.

Weiter geht es in die Zingster Vergangenheit mit einer Kinderwiege, zu der auch das Foto von Frau Mary Ewert gehört. Aus der Dachluke des Hauses *Schwedengang 5* entführte die Sturmflut von 1872 die Wiege samt Inhalt, der kleinen Mary, ohne dass es die Familienmitglieder bemerkten. Erst etwa sechs Kilometer entfernt wurden Kind und Wiege wohlbehalten an Land angeschwemmt.

Der Höhepunkt der Führung ist die von Kindern und Erwachsenen gleichermaßen bestaunte Vorstellung und Erläuterung eines alten Sanitärkastens.

Hinter dem Hause werden im Schuppen die Waschküche und die Werkzeuge eines Schiffszimmermanns gezeigt, die Scheune beherbergt den Veranstaltungssaal.

Vieles haben die Zingster in ihrem Museum zur Freude der zahlreichen Besucher zusammengetragen. Immer einmal wieder trifft ein neues, wertvolles Zeugnis aus der Vergangenheit ein. Mittlerweile sind es so viele, dass das Museum die Exponate wechseln muss, um sowohl die Spender als auch die Gäste zu erfreuen. Und da ist noch ein alter, gut ausgebauter Schuppen für Geräte und Maschinen. Ganz hinten lagern, so verrät uns Herr Tandelzum Abschluss unserer Führung, noch einige alte Türen.

Was werden die Zingster eines Tages damit wohl noch anstellen?

Weiterführende Literatur

Anders, Gerta: Die Halbinsel Darß und Zingst, Rostock 2000.

Baumgarten, K., u. Heim, A.: Landschaft und Bauernhaus in Mecklenburg, Berlin,1987.

Bohn, Barbara, Bombor, Vera u. Karge, Wolf: Ahrenshoop. Eine Künstlerkolonie an der Ostsee, Fischerhude, 1995.

Berg, G.: Beiträge zur Geschichte des Darßes und des Zingstes, Prerow, 1999.

Braun, Frank u. Roloff, René: Das kleine Buch der Darßer Haustüren, Schwerin, 2000.

Gawlick, Henry u. Lübeck, K: Mecklenburgische Ornament-Fibel, Rostock, 1988.

Gerds, Peter, u. Gehrke, Wolf-Dietrich: Vom Fischland in die Welt, Rostock, 1984.

Grählert, Edith: Chronik vom Zingst , o.J.

Miethe, Käthe: Das Fischland, Rostock, 1998.

Miethe, Käthe, Die Flut, Rostock 1997.

Miethe, Käthe: Bark Magdalene, Rostock 1999.

Prignitz, Horst, u. Gätjen Dorit: Fischland, Darß, Zingst, Rostock, 1991.

Schulz, F., u. Schwarz, E.: Einstein in Ahrenshoop, Kückenshagen 1995.

Thiel, I.(Hrsg.): Theodor Schultze-Jasmer Maler und Grafiker auf dem Darss, Fischerhude, 1995.

Wossidlo, Richard: Reise Quartier in Gottesnaam, Rostock, 1988.

Die Deutsche Bibliothek – CIP-Einheitsaufnahme

Haustürgeschichten zwischen Wustrow und Zingst /
Susanne Menning. Ill.: Dorit Gätjen. – 1. Aufl.,
– Rostock : Hinstorff, 2001
ISBN 3-356-00919-2

1. Auflage 2001
Herstellung: Druckhaus Schütze GmbH, Halle (Saale)
Printed in Germany
ISBN 3-356-00919-2